3 現代保育内容研究シリーズ

保育をめぐる諸問題

現代保育問題研究会[編]

一藝社

現代保育問題研究会・趣意書

　現代保育問題研究会（以下、本会という）は、子ども・保育・教育に関する現代的な諸課題・諸問題に深い関心を持ち、その課題に取り組み、問題を解決しようとする有志によって構成される会である。
　現代は、過去と比して、子どもを育てる親・保育者・教育者にとって決して育てやすい環境とはなっていない。むしろ、確固たる信念を持ち、明確な子ども観、保育の思想、教育哲学を持たなければ、時代の悪しき潮流に容易に流される危険な状況にあるといえる。
　日々世間をにぎわす世界的な諸問題、例えば、政治経済問題、国際問題、人権問題等の教育への影響などは、保育者や教育者に、様々な、また深刻な諸課題をつきつけているといわざるを得ない。
　わが国においては、こうした諸課題に応えるため、学習指導要領、幼稚園教育要領、保育所保育指針などが公布・実施されている。しかし、保育者・教育者は、こうした方針・施策にただ盲従するだけでは、保育者・教育者としての使命を全うすることはできない。つまり私たちは、自身で各種課題、また様々な方針・施策に対する確固たる見方・考え方、つまり「哲学」を持ち、現実の諸課題に取り組まなくてはならないのである。
　本会では、このような現下の教育・保育に関する諸課題の解決に関心のある人々に対して、広く門戸を開くものである。
　本会の目的は、こうした有志のために、積極的かつ建設的な提言をする場を提供し、その提言を広く世間に公表するのを支援することにある。とりわけ本会は、極めて重要な価値を持ちながら、公表・発信する機会に恵まれない論考の公開を、積極的に支援することを最大の使命と

している。

　この目的・使命にしたがい、本会では、偏狭な視野、また極めて特殊な政治的・宗教的信条に基づく見解を持つものを除き、本会の趣旨に賛同する者を、特段の手続きを経ずに、会員とみなすこととする。

　本会は、上記の目的を達成し、その使命を遂行するために次の事業を行う。

1.　各種の調査研究
2.　教育実践の推進
3.　研究会等の開催
4.　刊行物の発行支援
5.　その他、本会の目的達成に必要な事業

　本会の所在地は、東京都新宿区内藤町1-6　株式会社一藝社内にあり、同所に事務局を置く。本会は理事発議により、必要に応じて会議を開き、重要事項（事業計画、事業報告、担当人事その他）を審議する。

　なお、本会の理事は別紙のとおりである。（平成30年3月1日起草）

（別紙）

現代保育問題研究会・理事（順不同）

谷田貝公昭	目白大学名誉教授（理事長）
中野由美子	元目白大学教授（副理事長）
石橋哲成	田園調布学園大学大学院教授（副理事長）
岡崎裕美	千葉敬愛短期大学教授
大沢　裕	松蔭大学教授
髙橋弥生	目白大学教授
藤田久美	山口県立大学教授
中島朋紀	鎌倉女子大学短期大学部准教授
福田真奈	横浜創英大学准教授
瀧口　綾	健康科学大学准教授
野末晃秀	松蔭大学非常勤講師・中山幼稚園長

まえがき

　我が国に、最初の幼稚園である東京女子師範学校付属幼稚園が1890年に誕生してから、ほぼ130年が経過した。その間には、様々な変遷や紆余曲折があったことは言うまでもない。平成が間もなく終わろうとする現在、子どもと保育者、保護者が直面している保育教育の世界は、日々刻々と変化を続け複雑化を増している。

　ここ数年だけを考えても、子ども園をはじめとする様々な保育施設の成立や、保育無償化へ向けての様々な法整備等の変化、プログラミング教育や英語教育をはじめとする学習内容の変貌、そして学習指導要領をはじめ幼稚園教育要領、保育所保育指針等の改訂をはじめ、数えきれないほど多くの変化が、目まぐるしいほどの速度で移り変わり、展開している。

　また20世紀の後半には、予想もできなかったほどのスピードで、社会における情報伝達の速度が速まり、それは現在もなお日々加速し続けている。その中には、正しい情報や以前には考えることすらできなかった便利な情報が存在する反面、誤った情報や、あえて人を混乱させ間違った方向へ導こうとするものも決して少なくない。そんな時間に生きる子どもたちとそれに携わる保護者と、保育教育の場に携わり日々子どもと対峙する保育者には、以前にも増して、的確な判断と確固たる価値観、保育に対しての理想と情熱、さらに保育と保育者に対する高い質が求められよう。

　つまり、保育者には今後より一層、その質や知識の向上と保育技術の研鑽、そして毅然とした各々の判断力が望まれる時代であるといえる。そしてそのような向上心と探求心を持った保育者が、日々子どもとの保

育生活を心から楽しみながら、お互いがキャッチボールをするかのように触れ合い、コミュニケーションをくり返し、暖かい心を重ねあってこそ、お互いがともに向上し続け、保育者も子どもたちも前へ向かって歩み続けることのできる存在となり得るのではないだろうか。

　本書では、子どもの健康に関して保育内容「健康」の観点から考察したもの、子どもの言語を日本語の視点から面白さと豊かさを考察したもの、幼保小連携を「友達」と道徳の観点から解説したもの、子どもと保育者にとって現在必要とされる「環境」について解説したもの、幼児の情動や自己制御力の発達とアタッチメントについて説いたもの、幼稚園における「縦割り保育」と「横割り保育」の重要性を説いたもの、保育者に求められる家庭福祉に関して解説したもの、求められる教師と保育者像を考察したもの等がテーマとしてあげられ、それぞれの考察と解説がしるされている。

　これらの論考はいずれも、これから保育者を目指し、日本の保育会を牽引していこうとする者にも、現在保育の現場において乳幼児と携わっている者や、保育者養成の場において未来の保育者と対峙しているものにとっても、さらにまた日々子育てに励み、悩みながらも努力をする家庭の人々にとっても、今後の保育と子どもたちの未来を考えていくうえでの良き題材と、参考になるべき題材を提供できていることと信じている。

　本書は保育者養成の様々な学校・施設においても、各講義・演習科目のテキストとして、あるいは資料としても使用されることを想定してつくられている。

本書が我が国において保育に携わり、保育に興味と関心を抱く人々のための一助となれたとしたら、本研究会としても、これ以上の幸せはない。また本研究会としては、今後も研鑽と努力を続け、絶え間ないブラッシュアップを続け、さらなる続編の刊行を予定している。そのためにも本書を読まれた皆様からの、幅広く遠慮のないご意見ご要望をお寄せいただきたい。

　最後に本研究会として、本書の企画をサポートし、後押しし、率先して刊行にまで導いて下さった一藝社の菊池公男会長、小野道子社長に心から感謝の意を表すこととしたい。

2018年10月

　　　　　　　　　　　　　　　　　　編者　現代保育問題研究会

保育をめぐる諸問題 ● もくじ

現代保育問題研究会・趣意書……*3*

まえがき……*6*

第1章　保育内容「健康」……*13*

　　　第1節　子どもにとっての健康とは
　　　第2節　領域「健康」のめざすもの
　　　第3節　健康及び安全

第2章　日本語の面白さと豊かさ……*23*

　　　第1節　保育における言葉の扱い
　　　第2節　世界からみた日本語
　　　第3節　オノマトペの世界
　　　第4節　情景を表現する多様な言葉
　　　第5節　保育者と子どもの言葉

第3章　「友達」をめぐる幼保小連携に向けて……*33*
　　　　　―保育内容・生活科・道徳―

　　　第1節　問題の所在
　　　第2節　幼稚園教育要領・解説と友達
　　　第3節　小学校学習指導要領・解説と友達
　　　第4節　スタートカリキュラムにおける友達
　　　第5節　「友達」をめぐる幼保小連携に向けて

第4章 子どもと保育者にとって今、必要とされる環境……*46*

第1節　子どもをとりまく環境
第2節　環境を通して行う保育
第3節　子どもにとって必要な体験を支える保育環境
第4節　保育者をとりまく環境

第5章 幼児の情動や自己制御力の発達とアタッチメント……*57*

第1節　幼児の情動の発達
第2節　我慢する力の発達
第3節　アタッチメントの発達

第6章 幼稚園の行事における、縦割り保育と横割り保育の効果的な方法……*71*

第1節　幼稚園における保育方法形態にはどのようなものがあるか
第2節　なぜ「年間の行事活動」に着目したのか
第3節　各行事の実践例
第4節　保育実践に関しての課題と発展性

第7章 保育者に求められる子ども家庭福祉への理解と社会的養護……*84*

第1節　保育者に求められる子ども家庭福祉への理解
第2節　社会的養護
第3節　子ども家庭福祉・社会的養護の施設

第8章 教師論・保育者論……97
―求められる教師・保育者の専門性―

第1節　専門職としての教師・保育者
第2節　教師・保育者の専門性とは何か
第3節　教師文化と教師・保育者
第4節　教師・保育者の専門性向上
第5節　先人から学ぶ教師・保育者像
　　　　―デューイの教師論―
第6節　教師論・保育者論のまとめ
　　　　―全体的考察―

[関連資料] ……107
1. 幼稚園教育要領（全文）（平成29年告示）
2. 保育所保育指針（全文）（平成29年告示）

執筆者紹介……143

第1章　保育内容「健康」

第1節　子どもにとっての健康とは

1　「健康」とは

　核家族化、少子高齢化、高度情報化—子どもたちを取り巻く環境は、急激な変化を遂げ、彼らの未来を支える保育・教育の在り方も新たな局面を迎えている。その中で、子どもの健やかな育ちを支える保育者・教育者、あるいはそれらを志す読者においては、「健康」についての正しい知識と理解が不可欠である。そこで、まず「健康」とは何かについて紐解くことから始める。

　「健康」についての定義付けは、世界保健機関（WHO: World Health Organization）憲章の前文が広く知られている。

> 健康とは、病気でないとか、弱っていないということではなく、肉体的にも、精神的にも、そして社会的にも、すべてが満たされた状態にあることをいいます。
>
> Health is a state of complete physical, mental and social well-being and not merely the absence of disease or infirmity.

　WHOの定義では、病気にかからないといった肉体面での健康に加え、情緒の安定といった精神的健康、人間関係や経済的、社会的充実感といった社会的満足にまで含まれており、健康の概念が広義にわたること

が読み取れる。WHOの定義には、「理想的であるが、現実的ではない」「年齢や個人差が考慮されていない」などといった批判がみられる。しかしながら、身体のみならず、心の健康も目指す「心身の健康」という概念の理解には、有益であるだろう。

　また、同憲章には、以下のような内容も書かれている。

　「到達しうる最高基準の健康を享有することは、人種、宗教、政治的信念又は経済的若しくは社会的条件の差別なしに万人の有する基本的権利の一つである。」

　「全ての人民の健康は、平和と安全を達成する基礎であり、個人と国家の完全な協力に依存する。」

　「ある国が健康の増進と保護を達成することは、全ての国に対して価値を有する。」

　すなわち、健康は個人だけではなく、国にとっても重要な要素であり、その達成に向け、個人と国とが協力していくことが必要ということである。

2　子どもにとっての健康とは

　健康についての概念は、前述の通りだが、子どもにとっての健康とはどのような状況を指して言うのであろうか。奥田ら（2006）は、乳幼児期における「こころ」と「からだ」の健康の保持・増進のために、「からだ」からアプローチする保育・教育を「健康保育」と称し、「からだの健康がこころの健康へつながる」と述べている。なるほど、乳幼児であっても、WHOが定義する通り、「心身の健康」という考えでは、同様ということであろう。では、子どもにとって「からだ」と「こころ」が健康であるには、どのようなことが保障されている必要があるのだろうか。それぞれを見ていく。

　まず、「からだ」が健康であるには、食事、睡眠、排泄、清潔、衣服の着脱といった基本的な生活習慣が満たされていること、加えて、いろ

いろな遊びの中で十分に体を動かすことが望まれる。しかしながら、昨今十分に体を動かす機会が保障されているとは言えない現状もあるという。

　一例を挙げると、スクリーンタイムの増加による運動時間の低下である。生まれた時からデジタル端末に触れて育つ世代の子どもは、デジタルネイティブ、スマホネイティブと言われる。実際、幼稚園等においても、特色としてタブレット端末を用いて教育を実施する園もある。他方、家庭教育に目を向けると、デジタル端末を用いて絵本を読む、平仮名を練習するなど、その直感的操作性、インタラクティブ性を活かし学習場面で広く活用されている。しかしながら、騒ぐ子どもを静かにさせる、時間をつぶさせる等、いわゆる「子守り」の道具として利用している保護者も散見される。また、公園にいるにもかかわらず、運動遊びをせずゲームに没頭する子どもの姿を見かけることも珍しくない。子どもの体力・運動能力の低下が叫ばれて久しいが、その要因のひとつとしてスクリーンタイムによる座位行動の増加がある。デジタル端末は、家庭での使用時間が圧倒的に長いことからも、保育者・教育者を志す者は、上記の弊害を理解し、子どもへの指導のみならず、保護者への喚起、支援も併せて実施しなければならないことを理解しなければならない。

　次に「こころ」が健康であるには、どのようなことが保障されていなければならないのであろうか。それは、幼稚園教育要領第2章健康のねらい（1）で示される「明るく伸び伸びと行動し、充実感を味わう。」といった「心が満たされている状態」に加え、保護者や保育者といった大人との温かい情緒接触が不可欠であると考えるからである。その点において、保育者・教育者を志す者は、保育者として温かい眼差しの中で、子どもが保育者や他の子どもとの触れ合いの内に自己の存在感や充実感を味わうことなどを基盤として以下のことに留意しなければならない。すなわち、保育所保育指針第1章2（2）イ（ア）①〜④で示される、一人ひとりの子どもが、「安定感をもって過ごせる」、「自分の気持ちを安

心して表す」、「周囲から主体として受け止められ、主体として育ち、自分を肯定する気持ちが育まれていくようにする」、「くつろいでと共に過ごし、心身の疲れが癒されるようにする」といったことに留意し、保育にあたらなければならない。

3 保育者自身の健康

子どもの健康を支える保育者は、言わずもがな自分自身が健康でなければならない。しかしながら、多くの保育者は仕事量の多さや勤務時間の長さ、賃金の問題などが絡み合うことより、大きな負担感を抱えている（楠本ら，2012）。さらに、全身的疲労を感じており、年齢が若い保育者ほどその傾向が強い（二階堂，1979）。加えて、多くの保育者は、身体的ストレスのみならず、職場内の人間関係、事務的な作業や会議の多さ、休暇取得の困難さといった状況（赤田ら，2009）により、早期離職のリスクも高い。また、近年特に発達障害のある子ども、気になる子ども、虐待の疑いのある子どもなど多様なケースへの対応が求められる。

とりわけ、虐待のケースは、保護者自身や家族関係に様々なレベルでの困難を抱えていることが多い。また、子どもに関しても、虐待を受けて育ってきた結果、行動上の問題が目立ってくることも多く、そのかかわりの難しさが指摘される。そうしたケースとのかかわりは、長期にわたることがほとんどであり、達成感や充実感の少ない根気の要る作業となり、「保育者のメンタルヘルス」にも大きく影響することになる。

保育者が疲弊しないためにも、①同僚・仲間・上司による支え、②身近に話ができる人がいること、③ケース会議などの機会があること、④専門家からの援助（スーパービジョン、コンサルテーション）が受けられることなど、適切な援助を必要に応じて受けることができる支援体制の構築が必要である。

第2節　領域「健康」のめざすもの

1　3法令同時改訂の意味

　2017年告示の本改訂では、「幼稚園教育要領」「保育所保育指針」「幼保連携型認定こども園教育・保育要領」の3法令が同時に改訂（改定）された。これにより、幼稚園、保育所、幼保連携型認定こども園3つの施設類型にかかわらず、特に3歳以上児の保育が「幼児教育」として位置づけられ、共通化が図られた。そのため、本改訂では、幼稚園、保育所、認定こども園に共通する「幼児教育のあり方」が明確化されるとともに、乳児期からの発達と学びの連続性、そして「小学校教育との接続のあり方」が明示されている（無藤ら，2017）。保育・幼児教育に携わる、あるいは志す者は、今回の改訂ポイントをよく整理し、これまで行ってきた保育・教育活動を見直すとともに、これからどのような子どもを育てていくのかについて、指針に照らし合わせて考察することがのぞまれる。

2　領域「健康」のねらいとは

　領域「健康」では、幼稚園または保育所を修了するまでに「健康な心と体を育て、自ら健康で安心な生活をつくり出す力を養う」（幼稚園教育要領第2章「健康」、保育所保育指針第3章1・(2) ア）ことを目標として実践がなされる。「ねらい」は、領域目標を具体化したもので「幼稚園等の生活全体を通して幼児が様々な体験を積み重ねる中で相互に関連をもちながら次第に達成に向かうもの」である。

　幼稚園教育要領、保育所保育指針共に3つのねらいが示されているが、ここでは幼稚園教育要領のねらいについてみていく。幼稚園教育要領のねらいは、以下の通りである。

①明るく伸び伸びと行動し、充実感を味わう。
　②自分の体を十分に動かし、進んで運動しようとする。
　③健康、安全な生活に必要な習慣や態度を身に付け、見通しをもって行動する。

　このねらいは、幼稚園等で行われる教育・保育全体を通じて育つことが期待される、「心情」「意欲」「態度」であると考えられており、それぞれ①は「心情」、②は「意欲」、③は「態度」に関する記述であることがわかる。

　ねらいの変遷を辿ると、その文言は、1989年から2008年改訂まで句読点以外踏襲されている。2017年の本改訂では、(3)に「見通しをもって行動する」が加筆された。これは、「幼児期の終わりまでに育ってほしい姿」の「(1) 健康な心と体」「(2) 自立心」「(6) 思考力の芽生え」に対応する修正である。ここからも、子どもたちが自ら気づき、生活習慣として主体的に取り込み、自ら行動する過程が重要視されていることが読み取れる。本改訂から一部加筆はあったにせよ、改めて3つのねらいをみると、1989年から現行まで「幼児は自己を十分に発揮して伸び伸びと体を動かし、充実感や満足感を味わいながら、身体諸機能の調和的な発達を促す」という「ねらい」が一貫されていることがわかる。さらに、幼稚園等の生活の中で、自分自身の体を大切にし、安全で清潔な環境に親しむことで望ましい生活習慣や態度を培っていくことの重要性も一貫されている。

　目まぐるしく変化する社会の中で、これほどまでに「ねらい」が踏襲される所以は、「明るく伸び伸びと行動し、充実感を味わう」というねらいを筆頭に、領域「健康」はあらゆる領域を包括する「保育の原点」といっても良い重要な要素を多分に含むと言っても過言ではない（夏目, 2002）。

3 領域「健康」の内容とは

「内容」とは、「ねらいを達成するために保育者が幼児の発達の実情を踏まえながら指導し、幼児が身に付けていくことが望まれるもの」であり、「ねらい」を達成するために必要な具体的経験が整理されている。

幼稚園教育要領では、各幼稚園において、子ども一人一人の発達の状況をとらえて指導することを前提とするため、子どもの一般的な発達過程は示していない。そのため、年齢に応じた発達段階による発達過程ではなく、10の内容が示されている。保育所保育指針では、本改訂より年齢に応じた発達過程ごとに、それぞれ異なる内容が示されている。具体的には、「乳児保育に関わる内容」として5つの内容が、「1歳以上3歳未満児の保育に関わる内容」として7つの内容が、「3歳以上児の保育に関する内容」として10の内容が、それぞれ示されている。

むろん、発達には個人差があり、発達段階を機械的に区切ることはできない。しかしながら、上記内容で示されている具体的な経験をもとに、各園・保育者が創意工夫を凝らし保育実践にあたることが求められる。

第3節 健康及び安全

2017年告示の本改訂では、近年の社会情勢や子どもたちをめぐる環境の変化をふまえ、新たに以下の内容が示された。

■幼稚園教育要領　第1章 第3-4（3）
　幼稚園生活が幼児にとって安全なものとなるよう、教職員による協力体制の下、幼児の主体的な活動を大切にしつつ、園庭や園舎などの環境の配慮や指導の工夫を行うこと。

■保育所保育指針　第3章 3（2）イ／幼保連携型認定こども園教育・保育要領　第3章 第3-2（2）

事故防止の取組を行う際には、特に、睡眠中、プール活動・水遊び中、食事中等の場面では重大事故が発生しやすいことを踏まえ、子ども（園児）の主体的な活動を大切にしつつ、施設内外の環境の配慮や指導の工夫を行うなど、必要な対策を講じること。

　子どもにとって園は、生活構造を獲得する場であり、様々な諸活動によって心身を豊かに発育発達させる。そのため、日々の行われる活動は、内発的外発的問わず「安全管理・安全教育」が基礎としてなされなければならない。しかしながら、文部科学省（2016）が中央教育審議会で指摘している通り、教育現場で実践されている諸活動を安全管理・安全教育の観点から鑑みれば、現状では未だ改善の必要が多くある。加えて、安全教育の重要性の高まりから、一層の充実を図ることが求められている。ことさら、子どもの命を預かる保育者は、安全管理、安全教育、災害への対応等あらゆる場面・事態を想定した備えが必須である。

　以上からも、本改訂で新たに示された「主体的な活動を大切にした安全管理」「災害への準備と指導」について、各園で現状を正しく把握し、課題があれば改善・再考する必要がある。具体的には、危機管理・防災マニュアルの見直し、避難訓練の計画・実施、備蓄の確認・点検等において、全教職員が共通認識を持ち、いざという時に迅速な行動ができるよう、徹底されなければならない。

　これらは、安全管理や災害への対応だけではなく、近年ニュースでも多く取り上げられる「アレルギー疾患への対応」や「午睡時の健康観察」等でも同様のことが言える。具体的には、アレルギー疾患への対応においては、アドレナリン自己注射製剤（エピペン）の使用に関する講習受講、アレルギー疾患対応に関するガイドライン作成等である。保育所保育指針においても、医師の判断に基づき対応すること、関係機関との連携、看護師や栄養士が配置されている場合にはその専門性を活かした対応をすることが、「第3章1 子どもの健康支援」で示されている。小学校で食物アレルギーで死亡事故が起きてしまったことから鑑みても、

改めて幼稚園・保育所等においても環境整備や全教職員の対応力向上が期待される。午睡時の健康観察については、事故防止のための人員配置を含めた午睡時チェック表の作成、観察方法の確認等である。ことが起きる前に対策準備し、全教職員が共通認識、同じ対応ができるよう徹底する必要がある。子どもたちの健やかな成長を担う保育者は、子どもたちの健康及び安全の保障に常に注意を払いながら保育・教育にあたらなければならない。そのためには、日ごろから上記を意識し、備えを徹底することが必要である。

【引用・参考文献】

世界保健機関『世界保健機関憲章』1946年

奥田援史、嶋崎博嗣、足立正編著『健康保育の科学』みらい　2006年

楠本恭之、池田隆英「保育者の職務の実感を捉える試み」『岡山学院大学・岡山短期大学紀要』35、9-15、2012年

二階堂邦子「保育者の健康調査」『日本女子体育大学紀要』9、55-80、1979年

赤田太郎、滋野井一博、小正浩徳「保育士のストレス要因と保育の労働環境に関する研究 ── 身体的苦痛のストレス、保育上のストレス、家族関係のストレス、精神的健康状態、満足度を通して」『龍谷大学教育学会紀要』8、35-51、2009年

無藤隆、汐見稔幸編『イラストで読む！幼稚園教育要領　保育所保育指針　幼保連携型認定こども園教育・保育要領はやわかりBOOK』学陽書房、2017年

文部科学省『幼稚園教育要領解説』フレーベル館、2018年

文部科学省『幼稚園教育要領』フレーベル館、2017年

厚生労働省『保育所保育指針』フレーベル館、2017年

夏目恒雄「保育内容に関する一考察（1）─領域健康を中心として─」『名古屋柳城短期大学研究紀要』24、13-26　2002年

内閣府、文部科学省、厚生労働省『幼保連携型認定こども園　教育・保育要領』フレーベル館、2017年
文部科学省「学校安全部会　取組状況を踏まえた検討課題（案）」『学校安全部会（第8期～）（第1回）配付資料』資料5-3、2016年

（清水　洋生）

第2章　日本語の面白さと豊かさ

第1節　保育における言葉の扱い

1　要領・指針の改訂（改定）において

　2018年度から、改訂・改定された「幼稚園教育要領」「保育所保育指針」「幼保連携型認定こども園教育・保育要領」が全面実施となった。今回、新たに「幼児期の終わりまでに育ってほしい姿」として10の姿が明示された。この中に「言葉による伝え合い」という姿が含まれており、次のように示されている。

　先生や友達と心を通わせる中で、絵本や物語などに親しみながら、豊かな言葉や表現を身に付け、経験したことや考えたことなどを言葉で伝えたり、相手の話を注意して聞いたりし、言葉による伝え合いを楽しむようになる（幼稚園教育要領第1章第42（2）イ）。

　ここでは、子どもが「豊かな言葉や表現」を身に付けること、さらに他者と言葉による伝え合いを楽しむことなどが重要視されている。さらに、五領域の「言葉」に関しては、3歳以上児の「ねらい」において「言葉に対する感覚を豊かにし」という一文が新たに加えられた。
　つまり、これからの乳幼児の保育・教育においては、言葉を「豊か」にしていくような体験や生活を充実させていくことが目指されているのである。

2　保育者養成課程の改革において

　また、保育者養成課程においても、カリキュラムの改革が進められている。2019年度から、幼稚園教諭免許取得のための必要な科目に、「領域に関する専門的事項」が新設され、保育の各領域が扱う内容についての学習と専門性向上が求められている。

　このような動向を踏まえると、これからの保育者には言葉に対して豊かな感覚をもっているかが問われていくことになると言えよう。換言すれば、日本語の美しさや面白さ、多様な表現を保育者が理解できているかが重要となってくる。子どもと言葉の出会いにおいて、川勝（2018）は、日常生活で使う限られた言葉だけでなく、絵本やお話などでの「今まで聞いたことのないおもしろい表現の仕方や新しい言葉との出会い」が大切であると述べている。こうした言葉との出会いも、保育者の言葉の豊かさに影響してくるのである。

　そこで、本章では、日本語のもつ美しさや面白さを改めて見直して感じること、それを保育においてどのように活用していくのかについて考えていくこととする。

第2節　世界からみた日本語

1　英語話者からみた日本語習得

　私たちは、何の違和感もなく日本語を使って誰かと話したり、自分の頭の中で何かを考えたりしている。そのため、意識的に機会を作らない限り、あらためて日本語の難しさ、美しさ、面白さといったことを感じることはない。しかし、海外の英語話者からみると日本語は「外国語」であり、私たちが英語やフランス語などを学ぶように、文法や単語を理

解しながら言語を習得していくこととなる。

　アメリカの外交官などを養成するUS外務職員局（FSI）は、英語母語者が、外交などの業務等に差し支えないレベルでの言語習得に要する時間をまとめている。このデータでは難易度は大きく3段階に分けられており、日本語は、英語話者にとって極めて困難な言語とされる「CategoryⅢ」（36週間、910時間）に、アラビア語や韓国語、広東語、北京語と共に位置付けられている。さらに、この「CategoryⅢ」に位置付けられた5つの言語の中で、日本語が最も習得が難しいとされているのである。

2　日本語の何が難しいのか

　では、日本語の何を英語話者は難しいと感じているのか。要因はさまざまあるが、まず、漢字・ひらがな・カタカナといった表記の問題がある。英語であればアルファベット26字、ドイツ語であれば30字の組み合わせで全ての単語が構成されているが、日本語の場合は非常に多くの文字を必要としている。さらに、語彙数も多く、私たちは知らない間に非常に多くの語彙を使いこなしている。もちろん、私たち日本人も使いこなせていない語彙は多くあるが、荻原（2016）によれば、日本の大学4年生が「話したり書いたりする時に用いる」使用語彙数は、平均約30,000語、「聞いたり読んだり」できる「理解語彙」となると平均約40,000語にも及ぶ。語彙数が多いということは、それだけ微妙な違いを私たちは言葉で表現しているということになる。例えば、「走る」「駆け足」「早歩き」「小走り」など、同じような動作であっても、その程度や質、動作をしている人間の心情などで語彙を微妙に使い分けている。

　また、方言も日本語の特徴的な難しさと言えよう。単純にイントネーションの違いというだけでなく、その地方でしか使われない言葉や、別の地方では異なる意味で使われる単語も存在する。また、その地方の人々にはその単語の意味するニュアンスが理解できるが、それを標準語

では説明しきれない、複雑な意味をもつ言葉も存在する。

　このように、海外から見た日本語の難しさは、日本語の「特徴」とも言える。そこに日本語の美しさや面白さが含まれているのである。

第3節　オノマトペの世界

1　オノマトペとは

　語彙数が多い要因の一つとして、日本語は、擬音語や擬態語といわれるオノマトペが他言語に比べて非常に多いことが挙げられる。擬音語とは、その物が発する音を模倣した言葉のことで、「ワンワン」という犬の鳴き声や、「バタン」という扉の閉まる音などである。擬態語とは状態や身振りなどの様子を音声に例えて表した言葉のことである。例えば、お腹が非常にすいた状態を表す「ぺこぺこ」、眠い状態を表す「うとうと」などの言葉である。

　日本語におけるオノマトペの歴史は古く、712年成立の『古事記』では、「こをろこをろ」というオノマトペが使われている。これは、海を鉾でかき回した時の音を表現した言葉である。また、最近では、三省堂が毎年行っている「今年の新語」の選考において、2017年の第10位にオノマトペ「きゅんきゅん」がランクインしているように、新しいオノマトペも生み出され、表現される状態や様子も変化を続けている。

2　オノマトペによって豊かになる表現

　オノマトペは、一つひとつは短い言葉であるが、その言葉が私たちに伝える情報は非常に多い。笑顔に関するオノマトペとして「にこにこ」と「にっこり」がある。この言葉の違いについて、清（2018）の外国人向けの著書では、両者の言葉について次のように解説されている。

「にこにこ」　楽しそうに、明るく微笑む様子
　　　　　　継続的に微笑んでいるときに使う。

「にっこり」　表情をゆるめて笑顔を作る様子
　　　　　　瞬間的にほほえむことについて言う。

　この解説によれば、「にこにこ」には何か楽しい出来事が伴うことが想像されるとともに、それが「継続的」な笑顔であることが含まれている。そして、「にっこり」は笑顔を「作る」という様子が想像されるとともに、「にこにこ」とは異なり「瞬間的」な動作であることを表している。このように日本人はこうしたニュアンスの違いを、明確な説明を受けて学んできているわけではない。しかし、さまざまなコミュニケーションや体験と言葉との出会いを通して、その言葉の違いを体得しているのである。

　もし、オノマトペを使わずに表現しなければならないという状況を想定すると、文章はとても複雑になる。具体的な状況を挙げて考えてみよう。例えば、雨が降っている様子をその場にいない相手に伝えようとするとき、「雨がしとしと降っている」という一文で相手は状況を凡そ理解することができる。しかし、この時にオノマトペである「しとしと」を使わずに説明するとなると、「しばらく降り続いていて、大降りではないが、傘を差さなくても支障がないとは言えず…」といったように、非常に難解な説明を要求されることになる。さらに、「しとしと」という言葉は、単純に雨量だけを表現するに留まらない。ある大学の授業で「しとしと」が意味することを説明してみるよう学生に伝えたところ、「悲しい気持ちを表す」「空は暗い」「カエルなどは喜ぶ雨」「肌に触れてもあまり嫌な感じはしない」といった説明をした学生が多くみられた。

　このように、オノマトペは短い単語の中に、私たちが五感で感じる多

様な情報を含む言葉なのである。そこで感じるであろう「音風景」や「色」「情景」「心情」も読み取ることが可能になるように、言葉から連想する世界を豊かに広げて楽しむことができる言葉なのである。

第4節　情景を表現する多様な言葉

1　想像を膨らませる表現から個性へ

　前節では、多様な情報を含む言葉としてオノマトペを取り上げたが、伝えたい事柄の中には、オノマトペでは表現できない状況や姿なども存在する。そうした場合、私たちは状況を詳細に伝えるという選択肢だけでなく、既知の物に関する情報を巧みに使いながら、相手に状況を伝えるという選択肢も持ち合わせている。

　もっとも単純な表現としては、「〜のようだ」「〜みたい」といった表現が思い浮かぶ。難しい表現技法ではなく、小学校で学習する表現技法であるが、何に例えるかという部分に人々の個性が表現される面白さを含んでいる。そして、その言葉を見聞きした側には、その言葉から状況や姿を思い浮かべる段階で、例えに挙げられた事物について既知であることが求められるとともに、その情報から状況や姿を思い描く力が求められる。そこには、それまでの経験値や人間関係など、言葉を受け取る側の個性も影響するという面白さがある。

2　言葉の専門家による表現

　私たちの中で、最も言葉の細かなニュアンスや語彙に関心を寄せて表現している人々は作家であろう。中村（2017）の著書『音の表現辞典』では、作家たちが「音」をどのように表現してきたのかを、「音」の要素から分類し紹介している。ここでは、オノマトペを使わずに

「笑」と「風」を表現した文章をいくつか紹介する。ぜひ、文例を読みながら、そこから連想される人物の姿や表情、色、音といった細部まで想像を広げてほしい。

【笑】
里見弴『彼岸花』より
　　「眉間によった皺を吹きとばす様な笑い声」
木山捷平『長春五馬路』より
　　「ホトトギスの声をもっと陽気にしたような声で笑って」
岡本かの子『河明り』より
　　「西洋人のラッパのような笑い声」

【風】
堀辰雄『風立ちぬ』より
　　「ときおり軟らかな風が向うの生墻の間から抑えつけられていた呼
　　吸かなんぞのように押し出されて」
宇野千代『色ざんげ』より
　　「窓のそとは絶えず吠えるような風の音」
島木健作『第一義』より
　　「風に木立の騒ぐ音が遠くの水の流れのように聞えた」

　笑い声や風の音がさまざまなものに例えて表現されていることで、人物の容姿や性格、風が吹いている場所の情景にも想像が及んだのではないだろうか。こうした表現を豊かに使ったり、受け取ったりするためには、より多くの体験や言葉との触れ合いが欠かせない。そして、そうした言葉を豊かにする体験は、すでに乳幼児のころから始まっていくのである。

第5節　保育者と子どもの言葉

1　保育者の言葉を豊かに

　私たちは「日本語」という非常に多彩な表現を可能にする言語を身につけている。保育者が専門性を高めていく中で、自らの言葉を豊かにしていくことも、保育の質を向上していくことに大きく影響していく。

　杉村（2017）らの研究では、大学生が1歳から3歳児との関わりにおいて使用したオノマトペの数量的な分析が行われた。学生と子どもの関わりでは、「トントン」などの動作を表すオノマトペが多く使われていたことが明らかになった。しかし、一方では「どきどき」などの心情を表すオノマトペを用いた関わりは見られなかったために、「保育者が心情や内的感覚に関するオノマトペを積極的に用いること」の重要性が提案されている。

　杉村の研究を通して提案されたように、保育者が豊かな言葉を使うことは、単に子どもが身につける語彙数を増加させるということを目的とするものではなく、その言葉と出会うことで、子どもが感じること、考えることを深めていくことに繋がるのである。

　保育における言葉として考えると、絵本は子どもの言葉や表現を豊かにする重要な児童文化財である。ストーリーや絵などの観点からだけでなく、本章で取り上げたオノマトペや比喩表現に注目して絵本を選ぶ観点も大切に捉えていくべきである。昔話でしか使われていないオノマトペや、作者の思いが込められた文章との出会いは、子どもの想像性を豊かにしていく。さまざまな児童文化財を通して、どのような言葉に触れるかについても保育者は専門的に深く考えていくことが求められている。

2　子どもの豊かな表現

　文学作品の比喩表現に作家の個性が現れるように、子どもの表現にも、子どもの個性やこれまでの経験などが表現される。ときに子どもとの対話では、大人が思いつかないような表現をして驚かされることもある。
　たとえば、鍵盤ハーモニカの練習を始めた子どもが、自分の技術の成長を「ちょっとふあんなかんじ」から「ちょっといいかんじ」になったと表現していた。その子が「上手い」「下手」「出来た」とは言わずに「不安な感じ」「いい感じ」と表現したところに、この子どもが一生懸命に取り組んでいる気持ちや、もっと上手くなりたいという思いが込められている。こうした言葉と出会った時、保育者が「それは上手くなったと言うのよ」と訂正してしまうのではなく、子どもの表現を素直に受け止めるとともに、個性の表出として大切にすることが、子どもの言葉を豊かにするために求められる。そして、こうした自分なりの言語表現を大切にしてもらえたという「体験」もまた、言葉を豊かにする基盤となるのである。

【引用・参考文献】

川勝泰介・浅岡靖央・生駒幸子編著『ことばと表現力を育む児童文化』萌文書林、2018年

清ルミ『日本人がよく使う 日本語会話 オノマトペ基本表現180』Ｊリサーチ出版、2018年

中村明『音の表現辞典』東京堂出版、2017年

荻原廣「大学4年生の日本語の使用語彙は平均約3万語、理解語彙は平均約4万5千語」『京都語文』佛教大学国語国文学会、2016年、pp.276-298

杉村智子・西村真実・石田慎二・岡澤哲子「保育におけるオノマトペ表現の役割と有効性─遊び場面における幼児へのことばがけの分析─」『帝

塚山大学現代生活学部子育て支援センター紀要』第2号、2017年、pp.49-58

（杉山 実加）

第3章　「友達」をめぐる幼保小連携に向けて
―保育内容・生活科・道徳―

第1節　問題の所在

1　教育問題化する学校の「友達」

　内閣府が世界11カ国の青年（18〜24歳）を対象に行っている『世界青少年意識調査』の調査項目「学校に通う意義」（複数回答可）について、日本では、「一般的・基礎的知識を身につける」「学歴や資格を得る」「専門的知識を身につける」を差し置いて、「友達との友情をはぐくむ」の回答割合が最も高い（第8回の2007年調査では65.7％）ことがよく知られている。

　2000年代以降の子ども・若者に関する社会学研究において、「友達」はその定義が曖昧で不透明であるがゆえに同調圧力や過剰な敏感さをもたらすものとして捉えられ、学校での友達との関係をめぐる緊張や違和感が「友だち地獄」（土井、2008）「スクールカースト」（鈴木、2012）等で表現されてきた。具体的には、友人関係のグループ化が進行した中学校・高等学校の特別活動の場面等では、現行指導要領で危惧されているような、学級を「少数が支配」する場合（鈴木、2012、鈴木、2017）や、さらにはそれが制度化し（大塚、2016：80-119）、「なれ合い」の中で「一見協力的な集団活動が進められ」ることも起こりうる。

　このような「友達」の教育問題化の背景には若者のコミュニケーション能力観の変化も反映されている。すなわち、クローズドなコミュニティの中で、「空気を読んでうまくノって話す」、「家族関係、ご近所付

き合い」を重視するといった「ムラ的なコミュニケーション」の規範化である（國分・千葉、2017：54-56）。コミュニケーション能力の有無が当人にとって自己責任と捉えられることで、例えばコミュニケーション能力が低いことを示すことで敷居を低くするために自称的・自嘲的に「コミュ障」等の障害名が用いられたりもしている（樫村、2017）。

　教育・保育実践の前提として、近年の子ども・若者の人間関係の希薄化を問題視しつつ、集団への適応や自己肯定感、生活満足度等の向上のために仲間関係の重要性を唱えることも可能だろう（例えば榊原、2012等）。一方で、仲間関係が濃密化することで、日本の子ども・若者が友達との関係づくりに対して過敏になっていることもまた教育問題であるとすれば、本来は個人的な人間関係の選択の問題とも言える「友達」について、教育・保育がどの発達段階でどのようにどの程度介入すべきかを再検討し、体系性のあるカリキュラムを構想する必要があるのではないだろうか。

2　幼保小連携における「友達」の検討の必要性

　本章は、このような問題意識に基づいた基礎作業として、「友達」をめぐる保育内容と生活科、道徳のカリキュラムの接続状況とその課題について概観してみたい。具体的には2017年改訂幼稚園教育・小学校学習指導要領の特徴と小学校の教科書・教材を検討する。

　多くの児童にとって、小学校への進学は校種を超える初めての経験であると同時に、「友達」環境の変化も意味する（八野ほか、1990）。また一般的に、小学校低学年はギャンググループやチャムグループ等の友人関係のグループ化がさほど顕著ではなく、その人間関係への教育的な介入の余地が残された年齢でもある。「友達」をめぐる体系的なカリキュラムを構想する上で、人間関係形成に重要な関わりをもつ領域、教科における「友達」の取り扱いを検討することは必要不可欠な作業と言える。

第2節　幼稚園教育要領・解説と友達

1 2017年改訂幼稚園教育要領の「友達」表記と関連領域

　まず、2008年改訂幼稚園教育要領（以下、2008年改訂）と2017年改訂の幼稚園教育要領（以下、2017年改訂）の「友達」の出現回数を比較すると、2008年改訂では11か所、2017年改訂では17か所と増えている。

　最頻出の領域は、両改訂とも第2章の5領域に関する「人間関係」の内容（1）（5）（7）（8）（10）（11）項目であり、同一の文言である。

（1）　先生や友達と共に過ごすことの喜びを味わう。
（5）　友達と積極的に関わりながら喜びや悲しみを共感し合う。
（7）　友達のよさに気付き、一緒に活動する楽しさを味わう。
（8）　友達と楽しく活動する中で、共通の目的を見いだし、工夫したり、協力したりなどする。
（10）　友達との関わりを深め、思いやりをもつ。
（11）　友達と楽しく生活する中できまりの大切さに気付き、守ろうとする。

　「健康」では内容の2項目で見られる。（1）の「先生や友達と触れ合い、安定感をもって行動する」では、乳幼児の安定感がある行動は、先生や友達といった身近な人との信頼関係の上に成り立っているということを示し、（5）の「先生や友達と食べることを楽し」むでは、食事を楽しむことは、先生や友達との安定した関係の中で可能となることを示していると考えられる。

　また、5領域のうち唯一「言葉」においては、両改訂とも内容だけで

はなく、ねらいにも（3）「(略) 先生や友達と心を通わせる」とある。乳幼児が言葉を身に付け使用できるようになることは、身近な人物と心を通わせるために行われるべきであることを表している。

一方、表記がない領域は両改訂共に「環境」と「表現」である。

5領域を概観すると、「健康」や「言葉」では子どもの活動が充実したものとなるように友人関係が基盤として位置付けられているが、「人間関係」では、友達と過ごすことそのものが目的となり、楽しむことに重きが置かれている。

2　2017年改訂要領・解説における「友達」との関係づくり

2017年改訂において、小学校との連携を意識して登場した第1章の「第2 幼稚園教育において育みたい資質・能力及び「幼児期の終わりまでに育ってほしい姿」」においても以下のように「友達」に言及している（以下、抜粋。下線引用者、以下同様）。

(3)　協同性
　　友達と関わる中で、互いの思いや考えなどを共有し、共通の目的の実現に向けて、考えたり、工夫したり、協力したりし、充実感をもってやり遂げるようになる。
(4)　道徳性・規範意識の芽生え
　　友達と様々な体験を重ねる中で、してよいことや悪いことが分かり、自分の行動を振り返ったり、友達の気持ちに共感したりし、相手の立場に立って行動するようになる。
(6)　思考力の芽生え
　　友達の様々な考えに触れる中で、自分と異なる考えがあることに気付き、自ら判断したり、考え直したりするなど、新しい考えを生み出す喜びを味わいながら、自分の考えをよりよいものにするようになる。

(9) 言葉による伝え合い

　先生や友達と心を通わせる中で、絵本や物語などに親しみながら、豊かな言葉や表現を身に付け、経験したことや考えたことなどを言葉で伝えたり、相手の話を注意して聞いたりし、言葉による伝え合いを楽しむようになる。

(10) 豊かな感性と表現

　心を動かす出来事などに触れ感性を働かせる中で、様々な素材の特徴や表現の仕方などに気付き、感じたことや考えたことを自分で表現したり、友達同士で表現する過程を楽しんだりし、表現する喜びを味わい、意欲をもつようになる。

　「第2 幼稚園教育において育みたい資質・能力及び「幼児期の終わりまでに育ってほしい姿」」は全10項目あり、(3)(4)は「人間関係」、(6)は「環境」、(9)は「言葉」、(10)は「表現」の領域に主に対応しており、ここでも「人間関係」領域において「友達」の役割が大きいことが確認できる。

　それでは、幼児は「友達」をどのように作ると想定されているだろうか。2017改訂解説の「第2節 幼児期の特性と幼稚園教育の役割 1 幼児期の特性（1）幼児期の生活　②　他者との関係」には、以下のようにある。

　幼児期は、家庭における保護者などとの関係だけでなく、他の幼児や家族以外の人々の存在に気付き始め、次第に関わりを求めるようになってくる。初めは、同年代の幼児がいると、別々の活動をしながらも同じ場所で過ごすことで満足する様子が見られるが、やがて一緒に遊んだりして、次第に、言葉を交わしたり、物のやり取りをしたりするなどの関わりをもつようになっていく。そして、ときには自己主張のぶつかり合いや友達と折り合いを付ける体験を重ねな

がら友達関係が生まれ、深まっていく。やがて、幼稚園などの集団生活の場で共通の興味や関心をもって生活を展開する楽しさを味わうことができるようになると、更に友達関係は広がりを見せるようになっていく。

このように幼稚園教育要領解説においては、「友達」の存在が自我の発達に果たす意義に関する記述が主であり、あくまで学級内で自然に関係が深まった他の幼児を「友達」と想定し、「友達」を作るための主体的なプロセスについては十分触れていない。

第3節　小学校学習指導要領・解説と友達

1　2017年改訂学習指導要領の「友達」表記と関連教科

次に、2008年改訂小学校学習指導要領(以下、2008年改訂)と2017年改訂の小学校学習指導要領(以下、2017年改訂)において「友達」の出現回数を比較すると、2008年改訂では6か所、2017年改訂では28か所と増えている。最頻出教科は、体育であり(18か所)、「考えたことを友達に伝えること」の文言が大半を占めている。

生活科では「第2　各学年の目標及び内容」の内容で表記が見られる。(1)に「学校生活に関わる活動を通して、学校の施設の様子や学校生活を支えている人々や友達、通学路の様子やその安全を守っている人々などについて考えることができ、学校での生活は様々な人や施設と関わっていることが分かり、楽しく安心して遊びや生活をしたり、安全な登下校をしたりしようとする。」とあり、2008年改訂と同様の取り扱いとなっている。

「道徳」においては、「第2　内容」の「B　主として人との関わりに

関すること」において、「〔友情、信頼〕〔第1学年及び第2学年〕友達と仲よくし、助け合うこと。〔第3学年及び第4学年〕友達と互いに理解し、信頼し、助け合うこと。〔第5学年及び第6学年〕友達と互いに信頼し、学び合って友情を深め、異性についても理解しながら、人間関係を築いていくこと。」とある。これは2015年の学習指導要領一部改正時に加わったものである。

2　2017年改訂要領・解説における生活科、道徳での「友達」との関係づくり

実際に2017年改訂要領・解説の生活科、道徳における「友達」の取り扱い方について検討してみよう。

(1) 生活科

生活科において、解説のみで「友達」に触れている箇所がある。内容「(3) 地域に関わる活動を通して、地域の場所やそこで生活したり働いたりしている人々について考えることができ、自分たちの生活は様々な人や場所と関わっていることが分かり、それらに親しみや愛着をもち、適切に接したり安全に生活したりしようとする。」に対して、ここでいう『地域の場所やそこで生活したり働いたりしている人々』とは、自分の家や学校の周りの田や畑、商店やそこで働く人、友達の家やその家族、公園や公民館などの公共施設やそこを利用したり働いたりしている人、幼稚園・保育所・認定こども園や幼児や先生、近隣の人、子ども会の人、目印にしている場所や物、遊べる川や林、自分や家の人がよく通る道などである。」と解説しつつ友達に言及している。

また、内容「(4) 公共物や公共施設を利用する活動を通して、それらのよさを感じたり働きを捉えたりすることができ、身の回りにはみんなで使うものがあることやそれらを支えている人々がいることなどが分かるとともに、それらを大切にし、安全に気を付けて正しく利用しようとする。」に関わって、「この内容の学習をきっかけとして、授業以外で、

友達や保護者と公共施設などを利用した経験を共有し合えるように、朝の会のお知らせや掲示板などで情報発信する場を設けることなども、児童の学びを広げ、実生活とつなげる取組として効果的である。」として友達に言及している。

生活科に関して、上記の「地域の子供」としての言及以外は、級友としての「友達」についての記述であるが、他教科と比較した場合、学校外の「友達」との関係を具体的に記述している点に特徴がある。

(2) 特別の教科 道徳

道徳において、既述の〔友情、信頼〕について、「友達関係における基本とすべきことであり、友達との間に信頼と切磋琢磨の精神をもつことに関する内容項目である」とし、その概要として、「友達は家族以外で特に深い関わりをもつ存在であり、友達関係は共に学んだり遊んだりすることを通して、互いに影響し合って構築されるものである。また、世代が同じ者同士として、似たような体験や共通の興味や関心を有することから、互いの考え方などを交え、豊かに生きる上での大切な存在として、互いの成長とともにその影響力を拡大させていく。」と言及している。

また第1学年及び第2学年の指導の要点として、「この段階においては、幼児期の自己中心性から十分に脱しておらず、友達の立場を理解したり自分と異なる考えを受け入れたりすることが難しいことも少なくない。しかし、学級での生活を共にしながら一緒に勉強したり、仲よく遊んだり、困っている友達のことを心配し助け合ったりする経験を積み重ねることで、友達のよさをより強く感じるようになる。指導に当たっては、特に身近にいる友達と一緒に、仲よく活動することのよさや楽しさ、助け合うことの大切さを実感できるようにすることが重要である。また、友達とけんかをしても、友達の気持ちを考え、仲直りできるようにする。そのためには、友達と一緒に活動して楽しかったことや友達と助け合ってよかったことを考えさせながら、友達と仲よくする大切さを育んでい

くようにする必要がある。」としている。

このように道徳では「友達」との関係や行動を具体的に示している点に特徴がある。

第4節　スタートカリキュラムにおける友達

1　生活科教科書と道徳教材への着目

それでは、「友達」をめぐる幼保小連携の現状はどうだろうか。

ここでは、生活科の単元「学校と生活」（その中の最初の小単元は大抵の場合「がっこうたんけん」である）の前にその授業が展開されるスタートカリキュラム中の「友達」との関係づくりを見てみよう。スタートカリキュラム自体が幼保小連携を目的としているため、その友達の扱いも小学校生活への適応が主となると予想されるが、「友達」の存在をどのように伝え、またその関係づくりをどのように指導しているのだろうか。また、道徳の指導内容との異同はどこにあるのだろうか。

生活科教科書と道徳の読み物教材の内容の比較から、これらの課題に取り組むこととしたい。具体的には、2017年度時点で生活科の検定教科書と道徳の読み物教材の双方を発行している5社（東京書籍、学校図書、教育出版、光村図書、日本文教出版）の計10冊を対象とする（詳細は水引・歌川・濱野2018を参照されたい）。

2　教科書・教材における友達との関係づくり

スタートカリキュラムとしての生活科において「友達」の意味や範囲は特に示されておらず、児童にとって「身近」な存在としての級友との関係づくりが重視される。その関係づくりは、教科書中の遊びの様子からの気づきを話し合ったり、実際に馴染みのある遊びを実践した上で、

名刺交換などの自己紹介や良好な関係を維持するための挨拶や言葉がけを学ぶ流れになっている。

　例えば『新編あたらしいせいかつ上教師用指導書』（東京書籍、2015年）では、国語で「挨拶、返事」を習得したのち、児童に「友達と遊びたい」という意識を持たせた上で、体育科、音楽科、算数科などとの合科的指導により、校庭遊び（遊具遊びや鬼ごっこ、仲間集め遊びなど）や室内遊び（手遊びや指遊び、仲間遊びなど）を行う（同上：18）。その後、「友達の名前を知りたい」と動機づけた上で、国語や図工との合科的指導により「名刺交換遊び」を行う（自分の名前を鉛筆で書いたり、好きなものをクレヨンで描いたりして名刺をつくり、友達と自己紹介をし合う）（同上：19）。同書では、その他の教師の関わりとして、「教師も仲間に入って話をつなぎ、身近な友達と関わる機会を増やしていく」という休み時間の関わり、「友達といっしょに食べる楽しさを大切にしながら、給食を通して望ましい食習慣を身に付けられるように指導をする」という給食時の関わり、「整列したときの隣の児童、教室で席が隣の児童、グループでいっしょになる児童など、身近で関わりのある児童との関係づくり」という近くの友達との遊びへの配慮を挙げている（同上：口絵4-5）

　一方道徳の読み物教材では、「友情、信頼」に準拠した作品は、友情の深め方の考察が主であり、友達との日常的な関係づくりの取り扱いが少ないという特徴がある。

　例えば既に友人関係にある登場人物同士の中で主人公や準主人公が、自分や相手の自己中心性への反省や戸惑いを通じて友情のあり方を考える作品（「二わのことり」（3社）「ますだくんの1ねんせい日記」「いっしょにかえろう」「しっぱいしたって」「あめふり」）や、友達同士で助け合う作品（「ともだちをたすけたゾウたち」「おちば」「ぞうさんとおともだち」「ゆっきとやっち」）が多くを占め、新たに友達をつくる場面があるのは「こころはっぱ」「いっしょにかえろう」の2作品である。

双方とも一人ぼっちの登場人物に声をかけることで友達になっている（他学年の道徳教材の状況については歌川・岡邑2017を参照されたい）。

　生活科、道徳双方の教科書・教材に共通しているのは、なぜ「友達」が必要なのかという論点が不在であることや、誰かと親密な友達になることで自然と生じる排他性が反省事項としてのみ挙げられるといった点である。

　ただし、道徳の読み物教材では「友情」一般を扱うため、登場する「友達」が学校内外双方であるのに対し、生活科では友達との関係づくりがスタートカリキュラムとして、なおかつ「がっこうたんけん」の前段階の単元として位置づいているため、「友達」の対象やその関係づくりの目的・方法はむしろ明確になっている。この、スタートカリキュラムが有している「学校における友達づくりの意義は、まずは当人の学校生活を円滑にすることにある」という視点は、友人関係のグループ化によって「友達＝級友」という図式の固定化していく傾向にある小学校中学年以上の教育課程にとっては、示唆を与える可能性もあるだろう。

第5節　「友達」をめぐる幼保小連携に向けて

　本章で確認してきた通り、2017年要領改訂に際して幼保小連携を視野に入れて提示された「幼児期の終わりまでに育ってほしい姿」として、「友達」は複数回に渡って言及されているものの、（保育所・）幼稚園、小学校の教育課程はいくらかの課題を抱えている。すなわち、「友達」は他者や集団との関わりの中での自我の発達や、遊び・学習の遂行や深化に不可欠な存在として想定されている一方で、「級友（クラスメイト）」との異同が曖昧であり、また小学校第一学年では、生活科における「友達」と道徳の「友情」に若干のズレが生じている点である。

　本章では、教育問題化し始めた「友達」をめぐる幼保小連携に向けた

カリキュラムや教材の基礎的な確認に留まったが、「友達」をめぐる教育問題は、現実には子ども、教員・保育者、保護者の間で「どうにか上手くやり過ごされている（きた）」側面もあるだろう。子どもや教員・保育者が「ともだち／なかま」をどのように使い分けているのか、現代の子どもが小学校入学後に友人関係をどのようなプロセスで再編させているのか等の実証的な研究が待たれる。

＜付記＞本章の第1節は水引・歌川（2017）、岡邑・歌川（2018）を、第2・3節は水引・歌川（2017）を、第4節は水引・歌川・濱野（2018）を再構成して執筆している。

【引用・参考文献】

土井隆義『友だち地獄』ちくま新書、2008年

樫村愛子「コミュニケーション社会における、「コミュ障」文化という居場所」『現代思想』第45巻第15号、2017年、PP.78-92

國分功一郎・千葉雅也「コミュニケーションにおける闇と超越」『現代思想』第45巻第15号、2017年、PP.53-69

水引貴子・歌川光一「『友達』をめぐる保育内容（人間関係）と生活科、道徳、特別活動のカリキュラムの接続とその課題」『敬心・研究ジャーナル』Vol.1 No.2、2017年、PP.131-137

水引貴子・歌川光一・濱野義貴「友達との関係づくりをめぐる小学校第一学年の顕在的カリキュラムの検討」『敬心・研究ジャーナル』Vol.2 No.1、2018年、PP.129-134

岡邑衛・歌川光一「高校生のコミュニケーション能力を育む学級集団に関する一考察」『甲子園大学紀要』（45）、2018年、PP.1-5

大塚英志『感情化する社会』太田出版、2017年

榊原博美「現代社会の問題と保育内容「人間関係」の課題」『名古屋柳城短期大学研究紀要』第34号、2012年、PP.149-156

鈴木弘輝「スクールカーストと能力主義」小谷敏編『二十一世紀の若者論』世界思想社、2017年、PP.126-144

鈴木翔『教室内(スクール)カースト』光文社新書、2012年

─── 「友だち」本田由紀編著『現代社会論』有斐閣、2015年、PP.79-101

歌川光一・岡邑衛「小中学校における「友達」をめぐる顕在的カリキュラムの検討」『昭和女子大学現代教育研究所紀要』第3号、2017年、PP.75-84

八野正男・高橋道子・岸学・岩立京子「小学校低学年における友人形成過程の分析」『東京学芸大学記要第1部門教育科学』第41集、1990年、PP.209-226

（歌川 光一）

第4章 子どもと保育者にとって今、必要とされる環境

第1節 子どもをとりまく環境

1 環境とは何か

　環境とは、人間が出現し様々な生活の営みを始める前から存在していた「自然環境」と、人間が様々な生活を営み、それぞれの知恵や工夫により構築した「社会的環境」とに大別できよう。これらをさらに細分化するならば、自然環境には非生物的環境と生物的環境が内包され、社会的環境には、人的な環境と、物的な環境、さらには文化的環境なども含まれることが考えられる。さらに目に見えないもの、例えば空気、雰囲気、温度、香り、といったものも環境の一部ととらえることも可能であり、大変重要な要素であることはいうまでもない。つまり環境とは人間にとっての生命生活の場におけるすべてが含まれると考えられる。そしてそのような場においては、相互の関わり合いの中から、互いが影響しあい、それぞれが変化し、新しく何かを生み出しながら、さらに発展、展開していくことが行われ続けていくのである。

　近年、環境地球温暖化の防止や、自然環境の保全等、国や地域を問わず全ての人類が取り組まなくてはならない課題を抱えており、教育の分野においてもESD（持続可能な社会の担い手を育む教育）への取り組みが高まっている。環境について多くのことを学び、生きるために必要な力を獲得していくことが求められている。環境教育と保育とは方向性を同じくし、関連性を持つものであるとも考える。

2　子どもをとりまく環境の変化

　日々複雑さを深め、情報化、人工知能化が進む現代社会の中において、子どもたちの置かれた環境も刻々と変化している。さらに、少子化や核家族化、地域の人間関係の希薄化などがあげられる。この環境の変化が子どもたちにどのような影響を及ぼしているのか。天気の良い日に公園に行ってみると、バギーに乗ったままスマートフォンを見ている子ども、数人の子どもが円陣を組み、それぞれに持参したゲーム機を手に、無言のまま夢中になっている姿……。そのような子どもの姿からも垣間見られるように、家庭や地域における直接的な体験の場が減少していることはいうまでもない。このような状況を受け、各保育施設では自然体験や、異年齢・地域交流など様々な人とかかわる直接的な体験ができるようカリキュラムに取り入れ取り組んできている。しかし、自然発生的に友達や遊ぶ仲間が生まれ、人とかかわることの心地よさ、楽しさ、難しさを十分に体験しているといえるのであろうか。また、思い切り身体を動かして開放感を味わう体験や、子ども自らが発想した遊びを満足するまで楽しむ体験をしているのであろうかと疑問に思うことも少なくない。

　だからこそ、従来にもまして適切な保育環境と、その構成が要求されていることはいうまでもない。そして、子どもをとりまく環境の在り方や大人の役割を考えていく必要があり、今後このような環境の変化を踏まえて、子どもたちにはどのような体験が必要なのかを考えずにはいられない。

3　子どもにとって必要な体験

　子どもの様子を観察していると、「（その遊びを）やってみたい」と発することがある。これは、子どもの心が動いた証であろう。その遊びに対して、興味や関心、魅力的な要素を感じて発せられたことばに違いない。その遊びがおもしろければ、「もっとやりたい」「もっとおもしろ

くしたい」「どうしたらおもしろくなるのか」「どうしても知りたい」と思うようになる。つまり、子どもの心の動きを基に、主体的な活動を生み出しさらにそれを深めようとしているのである。このように、子どもたち自らが本能的に遊びを楽しむことにより、その行為を通して生活を広げて行く過程での内面の変化や成長に繋がる体験こそが、子どもにとって最も必要な体験ではないであろうか。そのためには、安全で安心感が持てる場を保障し、子ども自らの本能的な欲求や、とにかく遊びたいという衝動的な欲求を満たすために遊ぶことで、達成感、満足感を満たすことのできる環境が必要である。

第2節 環境を通して行う保育

1 環境を通して行う保育の重要性

　幼稚園教育要領、保育所保育指針、幼保連携型認定こども園教育・保育要領においては、幼児理解に基づいた保育者による意図的、計画的な環境構成の下、子どもの主体的な活動である遊びを通して総合的に行う保育が求められている。幼稚園教育要領解説には「環境を通して行う教育は、幼児との生活を大切にした教育である。幼児が教師と共に生活する中で、ものや人等の様々な環境と出会い、それらとのふさわしいかかわり方を身に付けていくこと、すなわち教師の支えを得ながら文化を獲得し、自己の可能性を開いていくことを大切にした教育なのである。」（文部科学省『幼稚園教育要領解説』フレーベル館、平成30年3月、pp.30）とある。日々の生活の中で、子どもが内的動機を高め、主体的に環境に働きかけ、自ら遊びをうみだし追及していく上で、保育者は子どもの遊びを支える環境を構成することの重要性が記されている。さらに遊びを主とした活動が促進することが可能になるような人的環境・物

的環境を適宜保育者が構成し、子どもと共に展開していくことこそが重要なポイントになろう。

2　保育者の役割

　保育者とは、先に述べた「自然環境」と「社会的環境」の中に存在しそれぞれを変容させながらも、影響も受けさらにそれぞれを子どもたちや保護者、あるいは自らにも適応させることが要求される存在である。そして、一人ひとりの子どもたちに対して柔軟に変容しながら対応し、最も応答性のある信頼のおける大人であることが望まれる。そのため子どもへの応対、態度、言葉づかい、表情などが重要となることは言うまでもない。保育者の醸し出す雰囲気も含めて、すべてが重要な人的環境として子どもたちに多大な影響を与えるということを、常に頭の中に描き続けることこそが肝要である。

　保育環境の中には、園内の保育施設・設備（園舎、保育室、園庭、プールなど）、遊具、用具、教具、教材、音楽、音等の物的環境、さらに目に見えないもの、例えば空気、空間、温度、香り、といった要素も存在する。物的環境とは、人的環境を補うための重要な要素を持っており、相互に補完しあうことにより、保育環境をより豊かなものにすることが可能となる。

　物的環境と人的環境との一番大きな違いは、前者が子どもに対し自ら働きかけを能動的に行うことがほとんどないのに対し、後者は一人ひとりが異なった存在である子どもたちに対し、その時々の状態に応じて適宜、目標やねらい、願いを考えながら、能動的に働きかけを行う環境であるという点を忘れてはならない。そのような意味からも、保育者とは子どもたちと関わり、お互いが影響を受けあいながら、ともに成長していくことが望まれる存在である。

　さらに、環境とかかわる子どもの姿から、自らの保育を振り返り、より豊かな体験が得られるような環境を作り出す必要がある。このことか

らも、日々子どもとかかわり、遊びや学びを支える環境を構成する保育者の役割は大変重要であるといえよう。

第3節　子どもにとって必要な体験を支える保育環境

1　安心感を抱く環境

　入園当初、初めて保護者のもとから離れ、一人になった時に、子どもたちは不安と心配と戸惑いを必ず感じる。その時に子どもたちの寂しさや不安を受け止め、寄り添うことで、子どもたちの心の中の心配を和らげ、少しでも心が安定できるよう配慮する。次第に保育者との間に信頼関係が築かれ、初めて触れる新しい環境に少しずつでも適応していくことができるようになる。生活にも慣れ、安全で安心感が持てると本能的に理解すると、子どもは活動の幅を広げ自ら様々な環境に働きかけて遊びを展開するようになる。遊びが一段落したり、困った時や、問題にぶつかった時に保育者に働きかけ、心のゆれに付き合ってもらい安定してから再び遊びに向かう。

　一方で、あえて人とかかわろうとせず、一人になれる場を好む子どももいる。絵本のコーナーでクッションを枕にごろごろしながらのんびり絵本を眺めている子ども、飼育物に触れる子ども、自然に触れる（かぜの通り道や、竹林の笹の音を聞く）子ども、何かを振り切るようにブランコを思いきりこいでいる子ども等の姿を見かけることがある。その子らは一定の時間をその場で過ごすと、何かを悟ったかのように遊びに戻っていく。落ち着いたり気持ちを切り替えたり、ちょっと疲れた時にほっとできるような場を必要としている。さらには、遊びの相談をしたり、ゆったりと好きな友達や保育者との会話を楽しんだり、ありのままの自分を出せる居心地の良い場を必要としていることはいうまでもない。

しかしながら、大人の考える空間とは異なる場合も多い。そのため、保育者にとっての感性や感覚とはやや異なることもあることを忘れず、子どものことを十分に理解した上で保育環境を構成することが必要である。

子どもたちが安全で安心感が持て、居心地よく過ごせる場を充実させることは、子どもにとって必要な体験を支える環境を保障することに繋がっている。

2　達成感を味わえる環境

子どもが達成感を味わえる環境とはどのようなものなのか。達成感とは、別の言葉で表現するのであれば、子どもたちが行っている活動そのものを心から楽しみ、没頭し、また夢中になりながらその活動を成し遂げた時の、心の中に感じる満足感や、何物にも邪魔されずに自分の行動をすべてやり遂げることが出来たことへの充足感、と言い換えることが出来よう。また言うまでもなく、保育においてそのような要素を持った活動は遊びでなくてはならない。子どもたちにとって遊ぶこととは、そこに本来特別な目的や教育的な意味などは存在しないと考えた方が正しい。子どもたちは自らが本能的に遊び楽しむことにより、その行為を通じて生活を広げ、基本的な生活習慣を身に着け、成長発達を行っていく存在である。

子どもたちの成長を促す場所には、十分な空間、ゆったりと流れる時間、様々な用具、素材、教材、そして素材や教材について知見を学び、臨機応変に子どものイメージを柔軟に取り入れたアイデアを提案できる保育者の存在が必要である。さらに、子どものこだわりに丁寧に付き合い、試行錯誤しながら自らも子どもとの遊びを楽しむことが重要である。そこには、最後まで思い切りやりきった達成感を子どもと共に味わう保育者の存在が欠かせない。

子どもにとって夢中になれる遊びからは、多くの学びを体験すること

が可能である。その学びとしての遊びにとことん付き合って、さらに遊びこめるような環境構成を工夫し、あきらめない気持ちや体験を通して得た達成感を、生きる力、自信に繋げていくことが重要である。

3　環境を通しての学び

　子どもも含め、私たちが現在対峙している社会は今後ますますその複雑さを増し、情報の伝達する速度は加速を続けていくことが予想されよう。従来までは想像もつかないほど煩雑で難解な社会構造の中で、子どもたちを取り巻く環境にも同じような変化を強いられる可能性も考えられる。そのような社会構造の中においては、保育の場にも様々な影響を及ぼし、保育方法も保育内容も、そして保育環境も変化していくことは十分に予想される。

　だが保育において本来必要とされることは、決して世の中の速度に追いつくことがすべてではない。子どもたちが安心感を抱き日々の生活を安定して行うことと、子どもたちひとりひとりが自らの行動に充足感を持ち、成長したことを喜びながら歩み続けることが重要である。だからこそ、子どもを取り巻く環境も、決してその変化に流されず、保育者が本来理想として描いた環境を明確に表しつつ、より良い方向へ常に進み続ける必要性がある。

　子どもも保育者も環境について多くのことを学び、生きるために必要な力を獲得していくことが求められている。

第4節　保育者をとりまく環境

1　限界まで働く環境

　「子どもは天国だけど、大人は……」これは、ある保育者のつぶやき

である。耳を疑うようなことばが続いた。保育者は長時間単独で働き、仕事の質に関してフィードバックはほとんどなく、あるのは不満や批判が多い。加えて、子どもとかかわること以外にも、日々多忙を極め様々な業務を抱えている。そのため、過酷な労働環境の中にいる場合も少なくない。その中で常に子どもの安全を意識し、緊張感を持っている。そして、子どもと保護者の幸せを願いながら心をつくして保育を行い、一人ひとりの子どもに寄り添い共感しケアする。しかしながら、自らをケアすることはあるであろうか。少しでも心からホッとして休める時間や、自分のことを丁寧に振り返る時間はあるであろうか。自分自身のケアを怠ると、子どもをケアする能力も制限することに繋がる恐れもある。子どもの遊びや生活を支えるためには、健康な身体と心が必要不可欠であることはいうまでもない。しかしながら、日々緊張しながら限界まで働き、消耗して疲れ、保育中に笑顔が消えてしまう保育者も少なくない。

　保育の営みは、意義深くやりがいを感じられることも多く、様々な面で豊かさをもたらしてくれる。一方で、結果や成果を確かめられることはほとんどなく、社会からも保育者の専門性は認知されにくい。保育者が自らの仕事に誇りを感じ、子どもと共に生き生きと生活するためには、どのような環境が必要なのか。

2　保育者を大切にする環境

　日々多様化し変化している環境の中で、誰もが幸せになれる平和な社会を願うのであれば、教育・保育の場もそのような環境を目指す必要があると思う。

　　子どもを大切にしたいと思うのならば、保育者・保護者を大切にすることです。大切にされてうれしい、生きがいを感じている、そうした思いを抱いていなければ、「あなたが大切なのよ」と子どもに伝えることはできないと思うのです。日々の生活の中で「大切に

> されている」と感じられて、それを子どもにもしてあげたいと思える環境を用意する。それが園の経営者としての私の役割です。(保育ナビ2017、4：フレーベル館　pp22-24)

　コメントにもあるように、保育者も子どもも、一人ひとりの個性が認められ、周囲から大切にされていると感じることこそが、人とかかわることや遊びを通して生きる力を身につけるための土台になるものであり、保育の場における幸せではないか。保育者のための環境を考えることは、保育環境を整える際に、最も重要であると考える。

　園によっては、福利厚生費の補助を利用して、保育中の休憩時間に、カイロプラクテックの施術、茶道、セラピー、動作法、パイプオルガン、ピアノ、習字等、プロの講師に指導を受けられる環境が整えられている。退勤後に出向くのではなく、園内で身体のメンテナンスや趣味の時間を持つことができることは、保育者の健康な身体と心を支えるための環境と考えることができよう。同時に、困難な状況の受け入れや回復、切り替え、リフレッシュできるような環境も整えられていると考えられる。

　他にも、協働して行う業務が終了すれば早めの帰宅、在宅での仕事が可能となるよう、勤務時間について柔軟な配慮がなされている園もある。このように、それぞれの園で可能な限り、可能な方法で保育者のことを考えた環境が整えられていることが望ましいと考える。

　加えて、保育者同士の癒す、癒されることのできる良好な関係性の構築も求められる。そして、互いの保育を認め尊重しあい、共感することも重要である。また、お互いの保育についてクリティカルに評価しながら実践の質の維持、向上を目指す。つまりは、協働する中で、互いが大切にされていると感じられ、互いに影響を受け、学び合い支えあうことのできる環境も大変重要であると考える。これらは、保育者個々の成長に大きく関与するものと思われる。

　子どもに必要な体験を支えるための環境を構成するためには、子ども

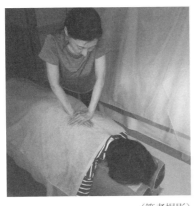
（筆者撮影）

（筆者撮影）

（筆者撮影）

のための環境を考えるだけではなく、保育者自身の環境についても、常に考え見直すことが必要不可欠である。そのためには、社会が保育という営みを正しく理解し、詳価することが重要である。

【引用・参考文献】
　谷田貝公昭監修　大沢裕・野末晃秀編著『コンパクト版　保育内容シリーズ　環境』一藝社、2017年

谷田貝公昭・林邦夫・成田國英編『教育方法論』一藝社、2011年

谷田貝公昭・岡本美智子編『保育原理』一藝社、2011年

谷田貝公昭・石橋哲成監修　大沢裕・高橋弥生編著『保育内容総論』一藝社、2018年

国立教育政策研究所・教育課程研究センター『環境教育指導資料【幼稚園・小学校編】』東洋館出版社、2014年

『保育ナビ』フレーベル館、2017年　4月号

文部科学省『幼稚園教育要領解説』フレーベル館、平成30年3月

（綾野　鈴子）

第5章 幼児の情動や自己制御力の発達とアタッチメント

第1節 幼児の情動の発達

　子どもの感情や情動の発達を考える際の格好の素材として、2015年公開のディズニー映画『インサイド・ヘッド』（原題：Inside Out）が挙げられる。幼児期を少し過ぎた児童期の女の子（Riley Andersen）が主人公のこの映画は、感情やそれにまつわる記憶が普段どのような機能や役割を果たしているのか、夢がどのように創られ、見られるのか、など私たちの頭のなかで生じている"こころ"の動きについて、ユーモアを交えつつその視覚化に成功した作品といえる。

　本節では、人の行動や思考に大きな影響を与えている"感情"や"情動"の発達に関し、特に"幼児期"に焦点を当てて学ぶが、情動の発達に関心がある方には是非観てもらいたい。なお、感情（feeling）を表す言葉として他にも情緒（affect）、情動（emotion）、気分（mood）などの表現が用いられているが、本稿では五十嵐（2007）にならい"こころ"の反応と"からだ"の密接かつ個別的な体験であることを考慮し、"情動"の表現で統一することとした。

1 情動の種類

　情動に関する能力を表す指標としてEI（emotional intelligence：情動的知性）がよく知られている。Mayer & Saloveyは、EIには①情動の知覚と表出、②情動の理解、③情動のコントロール、④思考の促進における情動の活用といった大きく4つの能力が含まれるとする"4枝モデル（four branches model)"を提唱し、幼少期からこれらが発達するといわれている。映画『インサイド・ヘッド』では"喜び"や"悲しみ"、"怒り"など人間に備わっている主要な5つの情動の役割と機能が描かれており、研究者によっては他にもさまざまな種類の情動が提唱されている。また情動には大まかに"ポジティブかネガティブ"、"快か不快"といったいくつかの次元や区分があるが、本節ではTomkins（1991）による生得的な情動の区分を参考にしながら、幼児の情動発達について概説する。

　まず、ポジティブな情動として、"興味や関心（interest）"と"喜び（pleasure）"の2つが挙げられる。乳幼児期には、興味や関心を向けた対象について五感を使って感じ取ろうとしたり、実際に手に取って握って引っ張ったり、なめたりといったさまざまな働きかけを行う。もちろん、興味や関心が薄れれば"退屈感"を抱いたり、それらへの働きかけを否定されたりすれば"欲求不満"を抱きその後の学ぶ意欲にも影響を与えることが考えられるため、幼児が抱く"興味や関心"を見守る姿勢が大切である。もう一つの"喜び"は、何かうれしいことや楽しいことなどを体験したときに体験される情動で、笑いや微笑みを伴ったり心身の健康やwell-beingにとってもポジティブな影響を与えることが知られている。五十嵐（2007）は、喜びを含むポジティブな情動の発達によって、自己のコントロール感や有能感、自信などが高まったり、自分の願望や衝動性を調整しやすくなることを指摘している。幼児が笑いや驚きを伴いつつ、身体全体を使って喜びを表現しているときは、こうした自己発達へのポジティブな影響が考えられることから、保育者も含めた周囲の大人は幼児の喜びに共感的に対応することが望ましいと考えられる。

　ちなみに、ポジティブな情動の機能や心身への影響については2000年頃より研究が本格的に進展し始め、現在も国内外でさまざまな研究が進んでいる。なかでも、ポジティブな情動が生体のホメオスタシス（恒常性）を効率的に復旧・回復させる"undoer"として機能しているというLevenson（1999）の仮説や、私たちの注意や関心の焦点を広げ、環

境から幅広く情報や意味を取り入れられるよう促し、思考や行動のレパートリーを拡張させる機能を有しているというFredrickson（1998）の"拡張−構築理論"が有力であり、近年もこうした仮説や理論の検証とその応用に向けた実践研究が進んでいる。

　ネガティブな情動については、"苦痛（distress）""恐怖感（fear）""嫌悪感（disgust、dissmell）""怒り（anger）""羞恥心（shame）"など大きく6つの情動が挙げられる。心身の痛みや、苦悩している状態に伴う情動が"苦痛"であり、その要因となっている刺激が持続したり、強まっていくと"怒り"へとつながっていく。乳児は泣くことで、養育者に苦痛を伝え、養育者がその苦痛が空腹や衛生状態、寒暖などどういった要因にあるのかを感じ取り、それに応じた適切な対応をすることで乳児の"苦痛"が軽減される。幼児期になると、自分が何によって"苦痛"を体験しているのかを理解し、自分自身によってか、必要に応じて他者の援助を受けて苦痛を軽減しようとする。他者の援助によって苦痛を軽減する試みは大切な経験であり、その援助を得られない状態が続く場合には、周囲に援助を求めようとしなくなったり、周囲からの刺激をひたすら避ける状況に身を置こうとする傾向が強まる可能性があるため、適切な支援が必要と思われる。その他、心身への危険や危害が及びそうな危険信号が"恐怖感"であり幼児期早期には泣いて助けを求め、恐怖の対象を回避しようとするが、年長ぐらいになると泣く前に助けを求め、隠れるなどの自己防衛も行えるようになる（浜崎・田村、2011）。

　"怒り"は、幼児期早期では自分のやっていること、やりたいことが阻害されたり、自分がしたい理想的な行動を現在の自分の能力ではとることができない際に体験され、それは駄々をこねたり、その場から動こうとしないなど身体全体を激しく使って表現されることが多い（浜崎・田村、2011）。児童期に近づくにつれ、自分の持ち物が勝手に使われて所有権が侵されたと感じたり、軽蔑的な言葉を向けられた際に怒りを体験するようになり、身体表現だけでなく怒りの対象に対して言い返した

り、同じような悪口を言うなどの言語的な表出が増えてくる。いずれの情動体験も「良い－悪い」ということはなく、子ども自身に沸き起こるさまざまな情動に関心を向ける経験をすることで相手の気持ちにも関心を向けられるようになり、EIの発達も促進されることから、まずは周囲の大人が子どもの情動体験をありのままに受け止める対応が必要であると考えられる。

2　甘えと感謝の発達

　先の情動はいずれの文化においてもみられる生得的なものであったが、社会文化的な影響を受けながら発達する情動として"甘え（amae）"と"感謝（appreciation）"を挙げることができる。土居（2001）は甘えを"人間関係において相手の行為を当てにしてふるまうこと"と簡潔に定義し、他者に愛されたり、他者との一体感を抱いた時の居心地の良い、そして快い感情であると述べている。自立や他者からの独立性が重視される欧米圏では、他者を頼り、当てにすることは自己の未熟さや依存と結びついてネガティブな印象を持たれやすいが、土居も十分に甘えが満たされず過度に依存的になったり、拗ねて"甘ったれ"ている状態については"屈折した甘え"としてとらえている。

　しかし、土居は自らの臨床経験から甘える相手との相互信頼に基づき、甘える側にとって安心感や被受容感が体験される"甘え"もあり、それは"健康な（素直な）甘え"として養育者との間で十分に満たされる必要があると主張し、甘え理論を構築した。土居は、母親が子どもの甘えをはっきりと感じる時期を1歳半頃だと考えており、Behrens（2004）は甘えの発達モデルを提唱している。乳幼児期の甘えの対象は主に母親であり、母親との一体感や親密さを求めてすり寄ったり、抱っこをせがんだりする。その後、児童期や青年期へと発達するにつれて甘えの対象も広がり、その行動も多様化していくが、幼児期に大人が子どもの甘えを満たしていくことは、自己の発達において非常に重要なことといえる。

甘えと同様に自己の発達との関連が推測される情動の一つが"感謝"であり、日本でも幼児や児童期を対象とした感謝の研究が蓄積され始めている（岩﨑、2017）。感謝は、相手の言動や提供されたものが自分にとってポジティブなものであったり、価値を持つものであった場合に、それを与えてくれた対象に抱く情動である。日本では感謝の言語表現として大きく「ありがとう」と「すみません」があり、個人差があるものの「ありがとう」については2歳前後から表出されるといわれている。相手から与えられた恩恵や援助の背景にある他者の意図に気づき自発的な感謝を抱けるようになる分岐の年齢は"7歳頃"（Froh, Miller, & Snyder., 2007）とされるが、それ以前の幼児期までに感謝がどのように発達し、心身の健康や社会性の発達と関連するのかなどについては更に研究が必要である。

第2節　我慢する力の発達

1　我慢する力

　幼児期になるとそれまでの親子間だけでなく、子ども同士の関係も広がっていく。それに伴って、子どもたちは自身の意見や感情をそのまま他者に伝えるだけでは上手くいかない場面が増えていき、徐々に感情や行動をコントロールすること、すなわち"我慢すること"の大切さを学んでいく。本節ではこの幼児期の"我慢する力"について、発達心理学領域で研究が蓄積されている"自己制御"や"自己調整"および"社会的自己制御"に関する知見や、その文化差について概説する。

2　自己を制御する力の発達

　幼児の自己制御に関しては、行動を調節する能力の研究や満足を先延

ばしする"満足遅延"の研究が蓄積され、特に目前の小さな満足を我慢して、その後に得られるより大きな満足を目指して行動する満足遅延の研究が、その後のさまざまな自己制御研究の展開に大きな影響を与えた。たとえば、満足遅延と呼ばれる実験的手法を用いたMischel, Shoda, & Peake（1988）のマシュマロ・テストがその代表的な研究の一つである。この実験では、実験者が未就学児童に対して実験者が戻ってくるまで待っていられたらマシュマロを2個、もし待てないようであればベルを鳴らしてもらってマシュマロを1個あげることを伝えて部屋を離れ、子どもが待機できる時間を計測した。その結果、本実験でより長く待機できた子どもほど（より高い自己制御能力を示した子どもほど）、10年後の追跡調査時点での学業成績や社会性が高く、自己制御能力も高いことが示された。こうした満足遅延に関する研究からは、幼少期に満足遅延ができたり、我慢できる力が青年期まで持続し、児童期以降の学業成績や社会性、環境への適応状態にポジティブな影響を与えることが明らかにされている。

　自己制御力の安定性や個人差について、一つは幼少期の親子間の相互作用を通じて自己を制御する能力や、その行動傾向の発達が促進されるためといわれている。たとえば、子どもが熱心に宿題や勉強などに取り組んでいる行動を親が褒めた場合、子どもは望ましい行動をするとポジティブな結果が得られることを学習する。また、親子で何かしら楽しい活動をしている際に、子どもの側の集中力が切れたりして親がその活動を止めた場合、望ましくない行動をするとそれまで得ていたポジティブな結果が得られないことを経験する機会となる。こうした親の働きかけによって、子どもはポジティブな結果を求めて行動をコントロールすること（促進焦点）を身につけるとされる。逆に、子どもが何か失敗をしたり、不適切な行動をとったときに親がそれを強く叱ると、子どもは望ましくない行為をするとネガティブな結果につながることを学ぶ。こうした親の接し方のなかでは、子どもはネガティブな結果が無くなる状態

を求めて自身の行動をコントロールすること（予防焦点）を身につけていく。これらの親子の相互作用は、オペラント条件づけに基づく学習理論によって説明することもできるが、幼少期の親子間で形成された自己制御の行動傾向がその後の人生に影響を与えると考えられる。

さらに柏木（1986、1988）は、欧米では主として自己の欲求や意思を抑制する行動抑制の側面に焦点を当てた自己制御研究が多い点を指摘し、社会的な行動の発達の視点からみると自己の欲求や意思を主張し、実現するための行動的側面に着目することも重要であると論じている。つまり、我慢する力の発達を考える際に、ひたすらに自分を制御する能力だけでなく、必要なことや理想とする自己のイメージに向けて行動を起こしたり、自己を主張する能力の関連とそのバランスが重要ということである。柏木の指摘に基づき、日本では自己制御を自分の欲求や意思を持ち、これを周囲に表現、主張していく"自己主張的側面"と集団や他者との関係で自らの欲求や行動を抑制、制止する"自己抑制的側面"の2側面からとらえる研究が増加した。

柏木（1988）によれば、幼児期においては、個人内で自己主張と自己抑制の両側面がともに発達している状態がもっとも適応的であることが示されている。先に、自己制御の能力は青年期においても比較的安定的であると述べたが、岩﨑・五十嵐（2018）は青年期から成人期までを対象に、この自己主張と自己抑制を包括した"社会的自己制御"と先述の感謝の関連を検証し、同様に両側面が高いほど感謝を抱きやすいことを報告している。したがって、幼児期においては自己を制御する"我慢する力"とともに自分自身を表現しながら、行動をとれるよう働きかけていくことが、その後の心身の発達や健康さらには感謝の体験にとっても重要であるといえる。

3　自己制御の文化差

佐藤（2001）は、自己主張と自己抑制の2側面の発達の視点から、

イギリスで望ましいとされる子ども像と日本で望ましいとされる子ども像とが異なることを指摘し、日本では自己主張的であるよりは、むしろそれを抑えた自己抑制的な子どもの方が"いい子"ととらえられやすいと述べている。こうした自己制御の文化差を説明する視点の一つに、文化的自己観の影響が挙げられる。文化的自己観とは、ある文化のなかで歴史的に築かれ、暗黙に共有されている自己についての前提や通念のことであり、主に欧米圏で優位な"相互独立的自己観"と東アジア文化圏で優位な"相互協調的自己観"の2つの自己観がある（Markus & Kitayama, 1991）。日本も含む東アジア圏に代表される相互協調的な文化の人々は、他者とのつながりのある存在として人間関係のなかに自己を位置づけようとする。このため、こうした文化では独自性や他者と比較した際の優位性よりも、人間関係の維持や集団内の調和に価値が置かれるため、自己制御の2側面のうち自己抑制的な面は尊重されやすいが、自己主張的な面は周囲との調和や協調性を乱す傾向としてみられやすく、家庭や学校でも受け入れられにくいのではないかと思われる。

　しかし、幼児期における自己主張の低さは孤立や引っ込み思案といった非社会的行動と結びつきやすく（中谷・金山、2002）、逆に自己抑制が低い状態で自己主張が高い場合には、攻撃性が高かったり、社会的な迷惑行為や非行などの逸脱行為といった反社会的行動と結びつきやすいことが報告されている（原田他、2009）。"自己制御"の側面が美徳とされながらも、自己主張が苦手とされる日本では自己主張を促していくことの重要性が強調されることが多いが、原田他（2009）の研究なども考慮すると、自己抑制を十分に身につけた上で、それとともに自己主張も育てていくことの大切さが示唆されていると思われる。現在、原田他（2011）によって、中学生から大学生までの社会的自己制御の発達的変化についての研究が報告されているが、今後はさらに成人期以降の社会的自己制御の発達についても研究を蓄積し、幼児期の社会的自己制御の発達を促す関連要因を探索していく試みも有益と思われる。

第3節 アタッチメントの発達

1 アタッチメントの理論とは

　毎年4月頃になると幼稚園や保育園に初めて入園する親子をよく見かけるが、その親子が下駄箱や園の入り口付近でどのように別れて教室に向かうのか、そしてどのように迎えられ親子で帰路につくのかは千差万別である。園の先生方も、こうした入園直後より親子の日常に生じる"別れ"（分離）と"出会い"（再会）への対応の仕方を心得ており、最初は泣きながら教室に連れられていた子どもたちが自然と母親不在で過ごす時間を延ばしていけるような柔軟かつ個別的な対応をしている。
　一方で、こうした親子の分離と再会のプロセスがスムーズにいかず、その後の小学校や中学校での不適応につながっていくケースも少なくない。本節では、この養育者と子どもの"こころ"のつながりの在り方を理解し、適切な支援につなげるために不可欠な"アタッチメント"（愛着）の理論について学ぶ。

2 こころの栄養としてのアタッチメント

　子どもの発達や教育に関して学んでいると、ハリー・ハーロウ（Harry Harlow, 1905-1981）が行った現代からみると非常に過酷な子ザルの代理母実験の様子を写真や動画等で見かける機会があったと思う。この実験によって、ハーロウはサルの母子間の情愛的な絆にとって"身体的接触（スキンシップ）"による温もりが重要であり、その重要性はサルの成長にとって栄養補給と同様に不可欠であることを証明した。このような現象について、動物行動学者のローレンツの研究なども踏まえて、ヒトにおいても観察されることを報告し、アタッチメントの理論を構築したのが精神分析医ボウルヴィである。

ボウルヴィは、アタッチメントを"危機的な状況で、特定の対象との近接を求め、維持しようとする個体の傾向"ととらえ、主に発達心理学の領域でさまざまな研究がなされてきた。つまり、アタッチメントは"特定の他者との間で築く情緒的結びつき"のことであり、先の入園児の親子の様子に当てはめてみれば、幼児が新しい園に入り、環境に慣れようとするなかで不安を抱いたり、誰かに頼って安心感を得たくなった時に、母親に抱かれたり、慰められることで形成されていくものといえる。そして、こうした母親の対応が乳幼児の健康的な発達における"心の栄養"として不可欠なものであることをハーロウやボウルヴィは多くの実験や観察を通じて実証した。なお、初めての場所や人に対する不安の強さは、子どもの気質やそれまでの養育者との関係によって形成されたアタッチメントの質によっても変化するが、子どもが養育者とそれ以外の人、そしていつも安心して過ごせる場と初めての場との差異を認識していることの表れでもあり、母子ともにそうした不安を過度にネガティブにとらえない対応が望ましい。

　また、先述の甘えと本節のアタッチメント、そして依存は心理学領域でも混同しやすい類似概念であり、たとえばそれぞれ対象とくっつこうとする行動面では共通性がみられる。しかし、危機的状況で安心感を確保しようとし、基本的には自立を促進するのがアタッチメント、生理的欲求の受け身的な充足を求め、自立の妨げにつながりやすいのが依存、人間関係の円滑化に寄与し、その充足の程度によって健康的であったり屈折する可能性を有しているのが甘えというように、それぞれ特徴が異なることが指摘されており（土居、2001；遠藤・石井・佐久間、2014）、子どもをとらえる際にどの点に課題があるのかを識別しておく必要があると思われる。

3　アタッチメントの形成過程と個人差

　人のアタッチメントにはしがみつき、身体的接触が重要なサルとは異

なる固有の"愛着行動"(身近な愛着対象を求める行動)と形成過程、およびその個人差としてのアタッチメント・スタイルがあるといわれている。たとえば、乳幼児が一人で取り残されたり、苦痛や不快な体験に遭遇したとき、母親や養育者といった愛着対象を目で追って、声のする方を向いたりする(定位行動)。そして、愛着対象の関心や注意を向けてもらえるように、声を出して泣いたりあるいは微笑んだりしながら(信号行動)、子ども自身も愛着対象の後を追ったり、抱きつこうとする(接近行動)といった一連の行動をとり、これら大きく3つの行動をボウルヴィは"愛着行動"ととらえた。したがって、入園して間もないときに、保護者から離れずにいる子どもたちの姿は、自分の感じている不安な気持ちを愛着行動として表している姿ととらえることができ、繰り返しこの不安に対応するなかで徐々に安定的なアタッチメントが形成されていく。

　愛着は、生後3か月頃までの愛着対象が定まっておらず誰に対しても関心を示す前愛着期から、特定の誰かに愛着を示し始める愛着形成期(生後3か月頃～6か月頃)、明確に愛着対象が定まり"人見知り"や"後追い"がみられる時期(生後6か月頃～2・3歳頃)を経る。そして、幼児期に入る頃には養育者の感情や行動の目的を推測できるようになり、こころの中に自分を保護し、助けてくれる養育者のイメージを保持、内在化できるようになっていく。ボウルヴィは、それまで母親が片時も離れることが難しかった状態から短時間のお留守番であれば待つことができるようになるこの時期を、愛着発達における"目標修正的協調性の形成期"と位置付けた。そして、こころのなかに内在化された養育者のイメージのことを"内的作業モデル"と名付け、このモデルには自分自身が愛され保護されうる対象であるかというイメージや、愛着対象以外の他者が自分にどのようにかかわってくれるかといった他者一般に対するイメージも含むと考えられている(数井・遠藤、2005)。

　こうして内在化された養育者のイメージと関連して、実際に養育者と

どういったアタッチメントを形成しているかの個人差を明らかにする枠組みとして、エインズワースが開発したストレンジ・シチュエーション法（新奇場面法）が有名である。この実験的観察法とその後の研究から、養育者との分離や再会時に回避的な行動がみられ、一人遊びが多い"回避型"（A type）、養育者との分離に際して悲しみの表情を浮かべ、再会時には喜んで接近、接触をする"安定型"（B type）、養育者との分離に非常に強い不安と混乱を示し、再会時には身体接触とともに強い怒りも表す"アンビバレント型"（C type）、そして顔をそむけつつ養育者に近づいたり、突然立ちすくむなど意図や動機が不明瞭な"無秩序・無方向型"（D type）の4類型が提出されている。当初"無秩序・無方向型"は分類不能な一群としてみられていたが、被虐待の可能性や養育者の精神疾患、低所得などさまざまな養育環境上のリスクが高い家庭の子どもたちにみられるアタッチメント・タイプであることが明らかになり、近年も研究が進んでいる。

　入園や小学校への入学といった親子間の分離の課題がテーマとなるイベントのなかで、片時も養育者から離れるのが困難で、教室に一人で入っていくことができなかったり、園や学校に全く来られなくなってしまう子どもたちもいる。そうした背景にはさまざまな要因が考えられるが、"分離不安症"のように何らかの要因によって養育者とのアタッチメントが十分に形成されなかったために生じている可能性もあるため、養育者や先生方の対応では改善が見込まれにくい場合には専門的機関や病院などに支援を求めることが必要と思われる。

【引用・参考文献】

Behrens, K. Y.「A multifaceted view of the concept of amae: Reconsidering the indigenous Japanese concept of relatedness.」『Human Development』47, 2004年、PP1-27.

土居健郎『続「甘え」の構造』光文堂、2001年

遠藤利彦・石井佑可子・佐久間路子（編）『よくわかる情動発達』ミネルヴァ書房、2014年

Froh, J. J., Miller, D. N., & Snyder, S. F.「Gratitude in children and adolescents: Development, assessment, and school-based intervention」『School Psychology Forum』2, 2007年、PP1-13.

浜崎隆司・田村隆宏（編）『やさしく学ぶ発達心理学―出会いと別れの心理学』ナカニシヤ出版、2011年

五十嵐透子『ヘルスケア・ワーカーのためのこころのエネルギーを高める対人関係情動論―"わかる"から"できる"へ』医歯薬出版、2007年

岩﨑眞和「幼児期から児童期の感謝に関する研究の展望」『長岡こども・医療・介護専門学校研究紀要』1、2018年、PP28-35.

岩﨑眞和・五十嵐透子「青年期以降の社会的自己制御の在り方と感謝の関連」『日本心理学会大会発表論文集』、2018年、P689.

柏木恵子「自己制御（self-regulation）の発達」『心理学評論』29、1984年、PP3-24.

柏木恵子『幼児期における「自己」の発達―行動の自己制御機能を中心に』東京大学出版会、1988年

数井みゆき・遠藤利彦（編）『アタッチメント―生涯にわたる絆』ミネルヴァ書房、2005年

Levenson, R. W.「The intrapersonal functions of emotion」『Cognition and Emotion』13、1999年、PP.481-504.

Mischel, W., Shoda, Y., & Peake, P. K.「The nature of adolescent competencies predicted by preschool delay of gratification」『Journal of Personality and Social Psychology』54、1988年、PP.687-696.

佐藤淑子『イギリスのいい子 日本のいい子―自己主張とがまんの教育学』中公新書、2001年

Tomkins, S. S.『Affect imagery consciousness, Vol Ⅲ. The negative affects, anger and fear.』Springer, New York, 1991年

Fredrickson, B. L.「What good are emotions ?」『Review of General Psychology』2, 1998年、PP.300-319.

(岩﨑 眞和)

第6章 幼稚園の行事における、縦割り保育と横割り保育の効果的な方法

第1節 幼稚園における保育方法形態にはどのようなものがあるか

1 幼稚園における保育方法とは

　まず最初に、幼稚園における保育形態にはどのようなものがあるか、簡単に説明をしてから実践例をとりあげてみたい。通常、もっとも一般的な保育形態には「年齢別学年区分」によりクラスを設定し、日々の保育をその区分により活動し、運営する形態がある。このような形を今回は「クラス別」の保育活動と呼ぶ。あらためて説明するまでもなく、このようなクラス別の区分設定は、通常の保育（あるいは小学校以上における、授業）の基本的な形であり、ほとんどの場合にはこのような年齢別の学年区分が設定されることにより、クラス（組）が生まれ、担任の保育者が専任を担当することで日々の保育が展開する。
　一方、そのような学年別クラス分けの形態の枠を取り払い、通常の形とは違う方法により保育内容を展開することが幼稚園では多い。まず学年ごとにクラスという設定の枠をはずし、同じ学年内において保育を展開すること、それを「横割り保育」という。横割り保育の場合、いくつかのクラスを統合し、ともに同じ保育内容を実践する場合と、いくつかのクラスの園児を学年別に統合したうえで、いくつかのグループに区分して保育活動を行う場合がある。前者の場合、例えば運動会などで「年長組合同競技」といったような形で同じ活動を行う場合や、同じ学年が

共同で歌などを発表する、といった場合である。

それに対して後者は、同じ学年（年齢）内おいて、クラス分けという枠ではなく、いくつかの活動内容を設定し、それに対して園児が自由に選択し、参加することができるような保育形態を設定する場合が多い。一例でいえば、「ごっこ遊び」や、いくつかのコーナーを設定して保育を行うコーナー保育などがこの例に当てはまる。いずれの場合も、通常のクラス区分とは異なり、学年別（年齢別）というより大きな区分の中で活動を行うこと、それを今回は「横割り」という言葉で表す。横割り保育の意義を一言でいえば、クラスという概念に縛られることなく、より大きな年齢別の分け方の中で、普段の保育生活では触れることの少ない友達や保育者と接し、時間を共有することで信頼感や安心感、様々な思い出を育むことが出来る可能性を持っている保育形態である、ということもできるのではないだろうか。

さらに年少組（3歳児）、年中組（4歳児）、年長組（5歳児）という年齢別の園児が在籍している幼稚園において、学年（年齢）別の設定さえも取り払い、保育活動を展開することも幼稚園における保育方法では一般的である。このような保育の区分方法を、今回は「縦割り保育」と表現するが、この縦割り保育に関してもいくつかの形態が存在する。

それは前述の横割り保育と同様に、学年枠を取り払い、幼稚園全体を一つとして活動を行う場合と、学年の枠もクラスの枠もすべて取り払ったのちに、あらためていくつかのグループを設定し、異年齢の園児がその中に存在した状態で、複数の異なる保育内容を実践する形がある。前者の場合、幼稚園全体で保育活動を行うため、大きな行事等で展開することが多くみられるが、通常保育における外遊びなども、広義に解釈すれば縦割りで一斉の保育活動であると言えよう。

2　ごっこ遊び、コーナー保育と縦割り、横わり保育

一方、複数の異なる保育内容を設定し、その中で縦割り保育を実践す

る一例としては、横割り保育と同様にごっこ遊び、コーナー保育といったように園児が自ら活動する内容を、いくつかの中から自由に選択し活動できる時間を設定することが多い。

さらに幼稚園の中には、通常の保育形態の中で縦割り保育を実践している例もある。それは例えば、毎週水曜日はいつもの学年ではなく、縦割り保育で過ごす一日として設定することにより、朝の時間から主活動、さらには食事時間といった一日の保育活動すべてを、通常とは異なる形態で設定し、日常の保育の延長線上で異年齢のコミュニケーションを重視しながら、お互いの信頼感や安心感といった点を、よりお互いの園児の中に多く育むこと等を目標として設定されることも多い。

この場合、園児をどのように区分するかが一つの課題となってくるが、考えられる方法としては、園児の生まれた月による区分、登園してくる街の方向による区分、といった区分のほかに、極端な例では男女の区分により保育活動をふたつに分けて実践している例もある。いずれにしろこの方法で保育を実践する場合、いくつかのグループにおいては、人数などに極端の差が生じたり、年齢の人数などが大きく偏ることがないように保育者は十分に留意しながらグループ分けを設定する必要があろう。

以上のような形態の縦割り保育を行うことにより、年齢の異なる子どもたちがともに活動する中で、年少（年齢の少ない、という意味での）児は年上の子どもにあこがれや興味・関心を持ちながら模倣し、年長（年齢が上での、という意味での）児は年下の存在をいたわり、優しくすることにより、ともに信頼感や安心感を抱くことが出来るのではないか、と考えられる。このことは核家族化や少子化傾向などにより、異年齢の家族関係や、周囲に異年齢の仲間関係が生まれにくくなった現在においては、きわめて大切であり、有用なことであるといえる。

第2節 なぜ「年間の行事活動」に着目したのか

1 縦割り保育、横割り保育とクラス別保育のバランス

　今回は以上のように、クラス別保育・横割り保育・縦割り保育をそれぞれ定義したうえで、実際に保育の場において、どのように活用し展開されているかを、具体的に紹介しその有効性を考察していきたい。

　クラス別保育・横割り保育・縦割り保育、すでに述べたように日常における（今回の文中においては、行事ではない、日々の保育、という意味での）保育活動においてももちろん実践され展開されていることが多いが、今回は年間計画における、行事（イベント）活動における、それぞれの実践例に関しての報告を行ってみたい。その主とした理由は、行事活動という日々の保育とは若干異なった特別な時間における保育活動の方が、より子どもたちにとって日常とは異なる、つまり日々のクラスにおける活動とは異なっているという意味で、特別な時間となり、より楽しみながら積極的に参加することが出来るのではないか、という考えに基づいている。もちろん日々の保育における縦割り保育も横割り保育も大変重要であり、その積み重ねこそが行事における活動に自然と結びついている、とも考えられるが、その有効性がより顕著にあらわれるのが行事活動における、横割り・縦割り保育活動なのではないだろうか。

2 今回の実践例の区分方法について

　そこで一年間のカリキュラムの中から、今回は特にどの幼稚園においても共通すると考えられる、大きな年間行事を取り上げ、その中で縦割り保育と、横割り保育をどのように展開することが効果的かつ、有用な保育方法になりうるかに関して考えてみたい。

　なお、今回の事例に関しては、横浜市内のある私立の幼稚園における

保育の実践例を一例として取り上げることとしたい。幼稚園の規模としては約100名ほどの、決して園児数が多いとは言えない幼稚園における保育実践例ではあるが、行事活動だけではなく、平常保育時にも横割り・縦割り保育を積極的に取り入れ、年間を通して様々な保育形態・方法を実践している幼稚園である。

　学年（クラス）編成は、年少組が一クラス15名程度で、2クラス（合計30名）、年中組が1クラス18名程度で2クラス（合計36名）、年長組も年中組と同数の1クラス18名程度で2クラス（合計36名）の編成である。

　また保育者は各クラス1名ずつが担任となり、年間を通してのクラス専任担当となるが、縦割り保育、および横割り保育を実践する場合には、それぞれのクラスも学年枠も関係なく、それぞれがすべての学年、クラスをそれぞれの希望に従って、自由に担当することが出来るように配慮された形態となっている。

3　保育形態と年間計画、カリキュラムの持つ重要性

　さてここであらためて触れておかなくてはいけない重要な点としては、行事（だけ）のために幼稚園の保育内容を設定し、日々の保育活動を実践することは決して正しいことではない、ということである。もちろん集団生活の中において、ひとつの目標に対して力を合わせ、努力し練習を行うことにより達成感や充実感を子どもたちが体感することは大切なことである。お互いが助け合い、団結することにより生まれる、共有した体験や時間はかけがえのないものであるし、それは通常の保育の中では経験することのない重要なものとなりえるだろう。

　しかし行事の目標はそれだけではなく、ひとつひとつの行事が年間計画の中から乖離し、ばらばらに独立して存在してしまうことは、決して好ましいことではない。なぜならば、本来行事というものは、日々の保育生活の延長線上に存在するべきものだからである。行事は日々の基本的な生活習慣の積み重ねや、様々な保育活動の流れがまとまり、形に

なったものではないだろうか。

　4月の新学期の段階ではきちんと並ぶことも、話を聞くこともできなかった子どもが、日々保育者との生活の中で少しずつ成長し、そこで身に着けたものが集大成として形に実を結ぶこと、そしてその一歩一歩地道かもしれないが、見違えるように成長した姿を、保育者や保護者と共によろこび、実感することも行事の大きな意味の一つと言えるのではないだろうか。

第3節　各行事の実践例

1　運動会（10月実施）における横割り保育・縦割り保育の実践例

　幼稚園（あるいは小学校）における縦割り・横割り形態が、すでに多く取り入れられ、実践されているのが運動会、である。本来、運動会は広義的にみれば横割り・縦割りの形態で行われる行事であるとも言えるし、その中においてさらに、各競技も同じように区分してプログラムを設定することはごく自然な展開方法であるといえよう。

　特にお遊戯のようなプログラムの場合、全体でひとつのことを行うという目標をたてて実践することが多いため、技術的にやや優劣が出たとしても、全員で行ったという達成感と満足感を得ることが出来るため、縦割り保育形態も横割り保育形態も、両方も強いられることが多い。

　また全体リレーのような、ひとつのバトンを次の学年に手渡ししていくことで、その力強さや成長の姿をストレートに表現できるため、学年を超えた形の縦割り保育で、プログラムを設定することは効果的であると考えられる。

　その他にも玉入れなどの、複雑ではない（難しすぎない）形の、年齢を超えて参加しやすいルールの競技や、学年の大きい子どもが、学年の

小さい子どもを助けたり、介助しながら進行するような内容のプログラム（例えば、手をつないで大きい子どもが小さい子どもを率先して誘導しながら展開するような障害物競走や、借り物競争など）においては、横割り・縦割り区分による保育形態は大変有効に進行すると考えられる。

反対に横割り・縦割り区分によるプログラムが成立しにくい内容のものとしては、プログラムの内容が難しいものや、力の差が如実にあらわれるもの、といった形態のものが考えられる。具体的には綱引きや、マスゲーム（組体操など）に関しては年長以上の年齢に向けてと考えた方が内容的に好ましいし、反対に簡単なお遊戯や集団で行う競技（玉入れや、すず割りなど）に関しては、年中・年少組といった体力がまだ十分ではなく、優劣が発生しにくい内容のものがふさわしいのではないかと考えることもできる。

いずれにしろ、運動会に関しては、縦割り保育と横割り保育をどのように、それぞれのプログラムに組み入れ、全体がバランスよく、楽しく行事そのものを楽しみ、盛り上がりながらも効果的な人間関係を構築することが出来るのかを考慮しながら、全体の流れを設定することが重要な課題となるだろう。

2 作品展（11月実施）における横割り保育・縦割り保育の実践例

前述の運動会に対し、比較的縦割り保育の設定に工夫と考慮が必要になってくるのが、作品展における保育方法、である。どの幼稚園・保育所においても、園児たちが製作した絵画や立体作品を展示しての「作品展」を開催することが一般的だが、通常一番多いのは、個人の作品を中心に展示を行うパターンであろう。この個人の作品を中心に展示を行う場合、対象となる作品は、園児が描いた絵画や、様々な素材（立体作品のもととなる素材で、木、段ボール、スチロール、プラスチックの空き容器、粘土、紙粘土など、素材は多種にわたる）を活用しての立体的な作品であり、それらを個々に展示することが多い。このような形態で作

品展を開催した場合、学年別の形態（つまり横割り）では展示が可能であるが、縦割りの区分では明らかにそこに差異が見られたり、統一性に欠けるなどの理由により、展示方法にかなりの工夫を凝らさなければ、有効な展示を設定することがなかなか難しい。

　もちろん異年齢の子どもたちが同じテーマ、同じ作品を描いたり、製作を行うことにより、そこに生まれる年齢の差、つまりは成長の差のようなものを如実に表し、それを展示のひとつの目的として展開することは可能だが、それでもその中からそれ以上の意味を見出せるかと考えると、それ以上の有効な活用を考慮することにはかなりの配慮と、考察が必要となろう。

　そこで作品展において、より有効な縦割り保育の展開例を考えた結果、立体作品の製作を、幼稚園全体でひとつのテーマを設けたうえで、それぞれの持つ技術の差や表現力の違いを有効に表しながら、各々が作成できる範囲で無理なく作品を製作し一つの場所に展示を行う、という方法を考えるに至った。

　つまり、例えば幼稚園全体でお弁当屋さんをというテーマを設定した場合、細かく小さい部分の多いお弁当そのものの部分を年齢の一番低い年少組が製作し、お店の中にあるディスプレイの部分（メニュー、見本品、レジなど）や厨房の部分（そこにあるフライパンや、包丁、大きなお鍋、さらに野菜、肉などの素材）といった中くらいに大きな作品が必要とされる部分を年中組が担当し、店舗そのものや、冷蔵庫、オーブンレンジ、シンク、さらにはそこに働く店員と、そこを訪れたお客、といった大きい作品が必要となる部分を年長が製作し、完成した後にそれぞれの作品を組み合わせ、一つの共同立体作品として展示を行う、という方法を実践した。

　縦割り保育による異年齢の製作方法を、それぞれの特色を生かし、またそれぞれが無理をすることなく組み合わせて製作し、同じところにディスプレイすることで、誰もが作品の完成を楽しみ、異年齢ながらも

誰もが自分の作品として興味と関心を持って活動に参加することが出来たのではないかと考えている。

またこのような異年齢の子どもたちが生み出した作品は、展示終了後には、実際に「ごっこ遊び」として、作ったものをすべて使用し、子どもたちが店員やお客になり、縦割り形態で実演し、遊びを堪能することが出来る、という副産物も生むことが出来た。このように作品のテーマと方法によっては、一見成立が難しいように思われる異年齢による製作活動の展開も十分に可能であるし、きわめて有効な方法にもなり得ると言えるだろう。

また上記のような「お店屋さん」以外にも、例えばテーマを「港」などに設定し、小さい船やコンテナといった比較的簡単につくれる部分を年少組が担当し、港にとまっている大きめの船や建造物、灯台、といった中程度に大きな建造物を年中が担当、年長組はより大きな橋（ベイブリッジのようなもの）や、海、大きな客船といった部分、をそれぞれが作成し、一つの共同立体作品として組合すことで成立が可能になる。同じようなテーマでは空港、野球場（スタジアム）、コンサート会場、遊園地、といった比較的子どもたちの頭の中にイメージが浮かびやすく、なおかつ馴染のあるテーマである方が、異年齢の子どもたちが参加する縦割り製作にはふさわしく、成立しやすのではないかと考えられる。

3 クリスマス・お遊戯会における横割り保育・縦割り保育の展開例

運動会と同様に、横割り保育形態、縦割り保育形態ともに設定し、保育活動として実施しやすいと考えられるのが、クリスマスやお遊戯会、といった発表会の形態を持った保育行事である。まずクリスマスに関しては、教会系の幼稚園などの場合、クリスマスの聖劇（アドベント）の配役を縦割り保育として展開・実施している場合が多い。クリスマスのイエス生誕劇である聖劇には、ヨセフ、マリア、天使、博士、星、羊飼い、聖歌隊、といった配役が登場し、クリスマスの夜に起こったとされ

るイエスキリストの生まれた一夜を歌や劇により子どもたちが演じるのだが、この場合、歌の難易度や演じることが難しい配役（ヨセフ、マリア、博士など）を年長児が演じ、中程度の難易度の歌やセリフを設定されることが多い配役（天使、聖歌隊など）を年中組が、見た目もかわいく、歌などが簡単で演じることにも技術が必要とされない配役（羊飼い、星など）を年少組が担当する、といった形による縦割り保育のクリスマス発表会が成立する。

　練習の時にはそれぞれの学年別に歌唱指導を行い、セリフの練習を行い、また演じ方の指導なども展開し準備を行うが、リハーサルや本番においては同じ舞台上において、異年齢の子どもたちが一つの演目を力を合わせて作り上げることにより、それぞれの中に達成感や満足感を覚え、完成したことの喜びと嬉しさを味わうことが出来るのではないだろうか。

　同様の理由で、発表会における劇遊び、ストーリー性のあるお遊戯（オペレッタ）なども、異年齢の子どもたちがそれぞれの年齢に合わせた難易度の配役をうまく組み合わせ、分担することにより大変効果的で、参加するものそれぞれが完成することを、楽しみながら準備・練習を行うことのできる保育内容を設定することが可能となる。保育者はその場合には、歌の難易度や、セリフの難易度、さらには振り付けや、演じる時間といった点にも十分に準備段階から配慮することが必要とされるが、子どもたちがその配役や分担を押し付けられるのではなく、自らが進んで選択できる余地を残しておくことも必要となろう。

　子どもたちが異年齢との活動（遊び）の中で、自らが積極的に参加し、意欲をもって参加するためには、一方的に保育者が役や分担を押し付けるのではなく、子ども自らが自分の興味関心を持った立場につくことが出来るような、選択の余地を必ずどこかに保育者が設定しておくことは、どのような保育活動においても留意すべき点である。

第4節　保育実践に関しての課題と発展性

1　保育者が留意すべき課題

　今回は主として、幼稚園における年間行事を中心として、それぞれの行事活動においてどのような保育方法の形態がより効果的かつ、子どもにとって必要とされるのかについて考察してきたが、言うまでもなく行事そのものを行うことが目的となってしまってはいけない。行事を楽しく、かつかけがえのない思い出に満ちた時間にすることは大切であり、そのためにも保育者は準備、設定などに留意し努力をするべきではあるが、決して上手に何かを演じたり、また会が華々しく、演出過剰な時間となるようなことのみを主眼としてしまったのでは本末転倒である。

　あくまでも主体は子どもであり、子どもたちの日々の保育活動の延長線上に行事の時間は存在する。そのためには練習することも必要ではあるし、子どもたちと共に準備をすすめる時間そのものを保育活動として実践することも大切なカリキュラムである。

　しかしあまりにも長い練習時間や、必要以上に子どもたちに負担を強いるような準備期間は決して好ましい保育時間とは言えず、逆に子どもたちの意欲をそぐことにもなりかねない。また、長時間にわたる練習で注意力などが散漫になり、事故や怪我の発生の発端となることも十分考えられよう。

　そのためにも、常に保育者は行事と日常の保育とが乖離してしまうことや、大人（保護者）に向けての過剰な演出となってしまうような行事活動は避けるべきである。あくまでも日常の保育の延長線上に行事は存在し、そこに至るまでの日々の過程の時間があってこそ初めて成就され、大切な保育活動の一環となるのである。

2 より効果的に保育を展開させるためのアツアツポイント

　また今後、縦割り保育・横割り保育を実施する場合に、保育者が留意しなくてはいけない重要な点としては、そこに参加する一人ひとりの子どもを、よく理解し対応していく必要が、平常の（クラス別の）保育以上に要求される、ということである。縦割り保育・横割り保育を実施する場合には、異年齢の子どもたちが、言うまでもなくそれぞれが年齢別に異なった行動や態度をとることになる。また理解力や運動量なども当然異年齢の子どもたちの間には差異が存在するし、基準となるべきものを設定することも難しいといえよう。さらにその時間の中には当初の設定を超えて展開をする可能性もあるし、なかなか保育者の考えていたカリキュラムと合致して進行することは難しいかもしれない。

　だからこそ縦割り保育・横割り保育を指導する保育者には、通常の（クラス別の）保育以上に柔軟で、予想もしなかった展開に対応することが出来るような機知なども必要となろう。だが、本来保育とはそのような予想もしなかった展開に柔軟に対応し、その展開そのものを子どもと保育者が楽しみながら、効果的に発展させ、面白く変化をしていくことも大切なのではないだろうか。

　保育者が予想もしなかったことが発生することも、当初綿密に設定した指導案通りに展開しないことは決して失敗などではない、と感じる寛容さと、機転をきかせることによりその展開をより良い方向に向ける工夫を、とっさに発揮させることこそが保育者に必要な度量と技量なのだと思う。

　最後に、すべての行事とは、日々の積み重ねられた保育の延長線上に必ず存在しなくてはいけないものである。であるならば、極論を言えば、日々の保育活動において縦割り保育と横割り保育がバランスよく導入され、子どもたちの中に浸透していてこそ、日々の保育だけではなく、その集大成ともいえる行事活動においても、その効果が十分に発揮される

ものと考えられる。

【参考文献】
谷田貝公昭・岡本美智子編『保育原理』一藝社　2009年
谷田貝公昭監修　林邦夫責任編集『保育用語辞典』一藝社　2011年
日名子太郎『保育学概説』学芸図書　1988年

（野末　晃秀）

第7章 保育者に求められる子ども家庭福祉への理解と社会的養護

第1節 保育者に求められる子ども家庭福祉への理解

1 社会福祉における子ども家庭福祉の位置づけ

　一般に「社会福祉」とは、人々が幸せな生活を送ること、また、そのために必要な社会の仕組みを整えることを意味するが、「子ども家庭福祉」は、それら社会福祉の対象の中でも、とくに子どもとその保護者や家庭、及び、地域の子育て問題等を対象とするものである。

　わが国においては、戦後の日本国憲法の成立以降、すべての国民が福祉の対象とされ、今日に至るまでに多様な価値観が認められる社会が実現している。他方、核家族化やひとり親家庭の増加、地域社会における人間関係の希薄化などを背景とする「子育ての孤立」、増え続ける「児童虐待」など、子どもや家庭をめぐる福祉的課題が山積しており、社会福祉専門職（ソーシャルワーカー）である保育士はもちろんのこと、幼稚園や認可外保育施設に勤める保育者、その他、すべての者（社会全体）に子ども家庭福祉への理解が求められているのである。

2 子ども家庭福祉に関する法制等

　わが国における子ども家庭福祉に関する今日的な施策は、第二次世界大戦直後の戦災孤児や浮浪児の救済のために実施された児童相談所の開設、一時保護、収容保護などの応急的な対応を経て、新憲法のもと制定された児童福祉法の成立（1947年）から始まったと言える。その後、

児童福祉法は1997年に大改正が実施され、子ども家庭福祉は子どもやその家族の「保護」を目的としたものから、子どもを「権利の主体」ととらえるとともに、支援の方法についても「自立支援」を柱とするものへと変化することとなった。

子ども家庭福祉に関する法律としては、「児童福祉法」の他に、「児童扶養手当法」、「特別児童扶養手当等の支給に関する法律」、「母子及び父子並びに寡婦福祉法」、「母子保健法」、「児童手当法」、「児童虐待の防止等に関する法律（児童虐待防止法）」、「児童買春、児童ポルノに係る行為等の規制及び処罰並びに児童の保護等に関する法律（児童買春防止法）」等がある。

3　子ども家庭福祉の実施主体

(1) 政策主体

わが国における社会福祉に関連する国の行政機関は厚生労働省であり、子ども家庭福祉に関する事務は、主に同省の「子ども家庭局」が担当している。子ども家庭局では、総務課、少子化総合対策室、保育課、虐待防止対策推進室、子育て支援課、母子保健課がそれぞれ所掌事務を担当している。また、厚生労働省には付属機関として社会保障審議会が設置されており、子ども家庭福祉に関する諸課題はこの審議会で調査・審議されている。

都道府県、政令指定都市には児童福祉審議会や子ども家庭福祉に係る援助の実施機関である児童相談所や保健所、また、市町村には福祉事務所（町村は任意で設置）や保健センター等が置かれており、子ども家庭福祉に関連する様々な問題に対して地域と連携した行政事務が実施されている。

(2) 子ども家庭福祉を担う機関

①児童相談所

児童相談所は、児童の養護や非行に関すること、しつけなど子どもや

その家庭に関する様々な相談に対して中心的な役割を担う行政機関であり、都道府県及び政令指定都市には設置が義務付けられている（中核市も要件を満たせば任意で設置が可能）。

児童相談所では、子どもや保護者、関係機関等から相談や通告・送致がなされると、受理会議を開いて調査や診断を実施する。また、必要に応じて、一時保護の要否の検討が行われ、一時保護が必要となる場合は、付属施設である「児童相談所一時保護所」において子どもを一時保護する機能も有している（一時保護の機能は外部委託している場合もある）。

②福祉事務所

福祉事務所は社会福祉法に基づき、都道府県及び市（特別区を含む）に設置が義務付けられている（町村は任意で設置が可能）地域住民にとっては第一線の福祉に関する相談機関である。

福祉事務所では生活保護、高齢者、子ども、ひとり親家庭、障害などに関する福祉サービスの相談のほか、必要に応じて福祉サービス利用開始の決定や調整などを行うこともある。また、福祉事務所には、子ども家庭福祉に関する相談機能の充実のために家庭児童相談室を設置することが可能となっており、上級機関である児童相談所等と連携し子どもと家庭に関する様々な相談に応じている。

③保健所

保健所は「地域保健法」に基づき、都道府県・指定都市・中核市・政令指定都市・特別区に設置される地域住民の健康や衛生を支える行政機関である。子ども家庭福祉に関する業務としては、「子どもの保健のための正しい衛生知識の普及」、「健康診査の実施や相談」、「保健指導」、「障害のある子どもの療育に関する指導や相談」、「児童福祉施設に対する栄養や衛生に関する助言」を行うことの他、「児童虐待の早期発見」などの役割も担っている。

④児童委員

児童委員は、児童福祉法に基づいて都道府県知事の指揮・監督の下に

市町村の区域に置かれる民間のボランティアであり、児童の健やかな育成、児童や妊産婦の福祉の増進を図るための活動等を行うほか、児童虐待の通告先としても機能している（児童委員は民生委員法に基づく民生委員を兼務している）。

　子どもと家庭をめぐる問題の増加に対応して、1994年度からは、「主任児童委員」が児童委員の中から選任され、他の児童委員と子ども家庭福祉機関等との連絡調整業務を行っている。

第2節　社会的養護

1　保育における「養護」概念の理解

(1)「養護」とは何か

　一般に「養護」とは、文字通り「養い、護る」ことを意味する言葉であるが、保育や教育の分野における「養護」概念の理解という場合には若干の考察が必要となる。

　「養護」とは、その起源をたどると、19世紀後半、わが国の教育学において隆盛であったヘルバルト学派の研究者らにより紹介された「フレーゲ（körper-pflege）」というドイツ語を和訳したものであるとされており、その意味は「健康を保持増進させるための働きかけ」（身体面の育成のための方法論）を示すものであった。

　その後、第二次世界大戦以前の頃には、「養護」という言葉は「一般養護（現代でいうところの体育に近い考え方で国民体位の向上を目指す意味合いのもの）」と「特別養護（病弱・虚弱等の子どもへの特別な援助）」という2つの概念に分けられて用いられている。戦後においては、これらのうち、特別養護の概念が「養護教諭」、「養護学校（現在の特別支援学校）」、「養護・訓練（現在の自立活動）」などの名称で残り、今日

に至っている。

　子ども家庭福祉の分野では、戦後間もない時期に戦災孤児等の緊急保護政策を実現するために施行された児童福祉法により、従来の「孤児院」が「養護施設」と改められることとなった。この養護施設について、児童福祉法成立の過程を示す「児童福祉法案逐条説明」（1947）では、「養護施設」の「養護」は「養育保護の意味であり、学校教育は、入らない」とされている。つまり、ここでは「養護」を「家族とともに暮らすことができないため、教育を受けられる状態にない子どもに対して、教育の前提となる心身の土台づくりを行うもの」として定義しているのである。

(2) 保育における養護とは

　保育所の保育に関する指針を定める「保育所保育指針」には1965（昭和40）年の策定時から「保育の基本的性格」を「養護と教育が一体となって豊かな人間性を持った子どもを育成する」ことであると示している。その後、1990（平成2）年の保育所保育指針の改訂では、保育所保育における「養護」が「入所児童の生命の保持、情緒の安定に関わる事項」（子どもが安定した生活を送るために必要な基礎的事項）であることを明確に位置付けており、2008（平成20）年度改訂、2018（平成30）年度改訂においてもこの方針は一貫している。

　子どもが「安定した生活を送るために必要な基礎的事項」として説明される保育所保育指針の「養護」概念は、保育所以外の児童福祉施設等の保育や支援においても共通の事項として考えられる部分が多くある。このため、保育所以外に勤める保育者も、保育所保育指針の「養護」概念を最低限の基準として押さえた上で自身の勤務する児童福祉施設等に求められる「養護」性について常に理解を深める努力をしてほしい。

(3) 社会的養護と保育者の役割

　社会的養護とは「保護者のない児童や、保護者に監護させることが適当でない児童を、公的責任で社会的に養育し、保護するとともに、養育

に大きな困難を抱える家庭への支援を行うこと」を言う。

　子どもは、本来であれば保護者のもとで家庭的な生活を送ることが望ましい。しかし、保護者の死亡、行方不明、疾病、拘置、経済的事由、虐待、遺棄などにより家庭における子どもの養育環境が破綻している場合や、子ども自身の心身の状況（障害や非行など）により保護者による家庭での養育に限界がある場合が少なくない。このように、保護者・子どもの一方または双方の理由により、子どもを家庭で養育することに問題がある場合に、社会が保護者に代わって子どもを養育したり、保護者を支援し養育に関する援助を行ったりすることを社会的養護と言うのである。

　また、社会的養護は、「子どもの最善の利益のために」という考え方と「社会全体で子どもを育む」という考え方を基本理念としている。子どもと家庭を支援する保育者は「すべての子どもが、その生活を保障され愛護されなければならない存在であること」、「子どもの健やかな育成はすべての国民の努めである」という児童福祉法の理念と併せて、社会的養護の理念を率先して実践する模範的存在でなければならないのである。

2　社会的養護の体系

(1) 施設養護と家庭養護

①施設養護

　「施設養護」とは要保護児童を乳児院や児童養護施設などの児童福祉施設等で養育する社会的養護の形態である。

　施設生活では、子どもたちにとり、それまでの家庭生活で得ることが難しかった衣食住（食事・清潔・睡眠など）が安定すること〈生活の安定〉、同じ境遇の仲間との相互作用〈集団の効果〉、保育士や児童指導員の他、医師、看護師、栄養士、心理療法担当職員などによる総合的な支援〈専門家によるチームケア〉が受けられるなどの長所がある反面、規

則や規律が多く自由が制限されること、食事など日常生活の様々な場面で自己決定の機会が少なくなること、プライバシーの確保が難しく落ち着かないこと、家庭のような連帯性を感じにくいこと、など実に多くの課題がある。

　近年、社会的養護の対象となる子どもを、可能な限り家庭的で安定した生活環境のもとで育てることができるように、施設のケア単位の小規模化（施設養護の「家庭的養護」化）を進めることや後述する「家庭養護」（里親やファミリーホームなど）の活用を促進する「家庭的養護の推進」が図られているが、わが国の社会的養護の現状は未だに施設養護が中心であるため、保育者には施設養護の課題点を補いながら、子どもたち一人ひとりを十分に尊重し養育する力が求められているのである。

②家庭養護

　家庭養護とは、要保護児童を養育者の家庭に迎え入れて養育を行うものであり、後述する里親や小規模住居型児童養育事業（里親ファミリーホーム）などの形態がある。

（2）家庭的養護

　家庭的養護とは、前述の施設養護における「家庭的な養育環境を整える取り組み」のことを言う。例えば、児童養護施設における「小規模ユニット制」の導入や、より家庭的な環境を提供するために本体施設から分離した運営形態をとる「地域小規模児童養護施設（グループホーム）」の活用などが、これに該当する。

　また、施設における家庭的な環境の整備の他、「家庭養護」（里親・ファミリーホーム等）も含めて、社会的養護全体を家庭的な養育環境に近づけるための取り組みの総称を「家庭的養護の推進」と言う（図1）。

図1：社会的養護の体系

家庭養護	・里親、 ・ファミリーホーム		
施設養護	グループホーム ・地域小規模児童養護施設 ・小規模グループケアの分園型	家庭的な養育環境 家庭的養護	家庭的養護の推進
	本体施設 ・小規模グループケア		

出典：厚生労働省（2012）第13回社会保障審議会児童部会社会的養護専門委員会資料（https://www.mhlw.go.jp/stf/shingi/2r985200000202we-att/2r985200000202xv.pdf　2018年7月20日閲覧）より抜粋

3　家庭養護の実施体系

(1) 里親制度

　里親制度は、「さまざまな事情により家庭での養育が困難又は受けられなくなった子どもたちを、温かい愛情と正しい理解を持った家庭環境の下で養育する」制度のことを言い、①養育里親、②専門里親（養育里親に含まれる里親で特に専門性を有する里親）、③親族里親、④養子縁組希望里親の4つの実施体系がある（表1）。

　里親による養育は、施設養護と比べて「(a) 特定の大人との愛着関係の下で養育され、安心感の中で自己肯定感を育み、基本的信頼感を獲得できる、(b) 適切な家庭生活を体験する中で、家族のありようを学び、将来、家庭生活を築く上でのモデルにできる、(c) 家庭生活の中で人との適切な関係の取り方を学んだり、地域社会の中で社会性を養うとともに、豊かな生活経験を通じて生活技術を獲得できる」などの効果が期待できるとされており、今日の社会的養護では里親委託を優先して検討すること（里親委託の推進）が課題とされている。

表1　里親制度の実施体系

里親の種類	里親の概要	里親手当	一般生活費等の支給	備考
養育里親	4人以下の要保護児童を養育することを希望し、かつ、経済的に困窮していない人で、養育里親研修を修了し、里親認定を受けた里親。 ※里親認定を受けたものは養育里親名簿に登録される。	有	一般生活費等は全ての里親に支給される。 ※一般生活費 　（食費、被服費等） 　1人当たり月額： 　乳児 58,310円 　乳児以外 　　　50,570円	※将来的な養子縁組を想定しない。 ※里親手当は 86,000円（2人目以降 43,000円加算）
専門里親	養育里親であって、2年以内の期間を定めて、児童虐待などの行為により心身に悪影響を受けた子ども、非行傾向がある子ども、障害のある子どもなどに対し、専門的できめ細やかな養育を行う里親。 ※同時に養育する子どもの数は2名以下。 ※専門里親になるためには、3年以上の養育経験のある里親または児童福祉事業に3年以上携わるなどの資格要件と専門里親研修を修了していなければならない。 ※専門里親は養育里親名簿に専門里親として登録される。	有		※将来的な養子縁組を想定しない。 ※里親手当は 137,000円（2人目以降 94,000円加算）
親族里親	4人以下の要保護児童を養育することを希望し、かつ、要保護児童の扶養義務者およびその配偶者である親族であり、要保護児童の両親など要保護児童を監護する人が、死亡、行方不明、疾病による入院などにより、養育が期待できない要保護児童の養育を希望する人のうち、里親認定をうけた里親。 ※「おじ・おば」はそもそも、扶養義務を強制的に負わなければならない親族ではないため2012年9月からは、研修を受けることを条件として里親手当の支給がある「養育里親」として扱われることとなった。	無	※その他 　幼稚園費 　教育費 　入進学支度金 　就職支度費 　大学進学等支度費 　医療費 　通院費 　等が支給される。	※おじ・おばを養育里親と認定する場合、養育里親研修の受講が必要となるが、相当と認められる範囲で研修科目の一部を免除できる。
養子縁組里親	4人以下の要保護児童を養育することを希望し、かつ、養子縁組によって養親となることを希望する人で、里親認定を受けた里親。 ※2017年度から法定化がされるとともに研修が義務化された。	無		※養子縁組を実施するためには最低6か月以上の間、里親として子どもの養育にあたる必要がある。 　その後、厳正な審査と子どもの適応が考慮された後に養子縁組制度に移行する。

出典：関係法令等をもとに筆者作成（一般生活費等の支給金額、里親手当の支給金額は2017年度の月額）

(2) 小規模住居型児童養育事業

　小規模住居型児童養育事業（以下、ファミリーホーム）とは、保護者のない子どもや、保護者に監護させることが不適当であると認められる子どもを、ファミリーホームと呼ばれる養育者の住居で養育する事業であり、「里親を拡大・事業化」したものと考えると理解しやすい。

　ファミリーホームに入居する子どもの数は5～6名と定められており、3名の養育者（「2名の養育者（夫婦）と補助者1名以上」又は「養育者1名と補助者2名以上」であり、かつ「養育者はファミリーホームに生活の本拠を置く者」とされている）により養育が行われる。養育者の要件は、①養育里親として同時期に2人以上の要保護児童を2年以上養育した経験のある里親、②養育里親として5年以上登録し、かつ通算して5人以上の子どもを受託した経験のある里親、③3年以上児童福祉事業に従事した者、④これらに準ずるものとして都道府県知事が適当と認めた者、⑤児童福祉法第34条の20第1項各号に該当していない者とされている。

第3節　子ども家庭福祉・社会的養護の施設

　子ども家庭福祉・社会的養護に関連する施設には、児童相談所一時保護所、乳児院、児童養護施設、児童自立支援施設、母子生活支援施設、児童心理治療施設、障害児入所施設、児童発達支援センター、児童家庭支援センター、児童厚生施設、助産施設、保育所、幼保連携型認定こども園などがある（表2）。

　これら施設では、子どもの身体的・精神的及び社会的発達のために必要な生活水準を確保しなければならないため、厚生労働省により「児童福祉施設における設備及び運営に関する基準」（以下、設備運営基準）が定められている（設備運営基準は「明るくて、衛生的な環境において、

表2　子ども家庭福祉・社会的養護に関連する施設

施設名	目的	施設の形態	主な入所経路
児童相談所一時保護所（一時保護施設）	児童福祉法第33条の規定に基づき保護が必要な場合に子どもの一時保護を行う施設。 ※一時保護は主に「緊急保護」、「行動観察」、「短期入所指導」が必要な場合に実施される。 **緊急保護**…棄児、迷子、家出した子どもの緊急保護や、虐待等の理由により子どもを家庭から一時的に引き離す必要がある場合に実施。 **行動観察**…適切かつ具体的な援助指針を定めるために、一時保護による十分な行動観察、生活指導等を行う必要がある場合に実施。 **短期入所指導**…期間の心理療法、カウンセリング、生活指導等が有効であると判断される場合に実施。　（児童相談所運営指針より）	入所	措置
乳児院	乳児（特に必要のある場合には、幼児を含む。）を入院させて、これを養育し、あわせて退院した者について相談その他の援助を行うことを目的とする施設。（児童福祉法第37条）	入所	措置
児童養護施設	保護者のない児童（特に必要のある場合には、乳児を含む。）、虐待されている児童その他環境上養護を要する児童を入所させて、これを養護し、あわせて退所した者に対する相談その他の自立のための援助を行うことを目的とする施設。（児童福祉法第41条）	入所	措置
児童自立支援施設	不良行為をなし、又はなすおそれのある児童及び家庭環境その他の環境上の理由により生活指導等を要する児童を入所させ、又は保護者の下から通わせて、個々の児童の状況に応じて必要な指導を行い、その自立を支援し、あわせて退所した者について相談その他の援助を行うことを目的とする施設。（児童福祉法第44条）	入所・通所	措置
母子生活支援施設	配偶者のない女子又はこれに準ずる事情にある女子及びその者の監護すべき児童を入所させて、これらの者を保護するとともに、これらの者の自立の促進のためにその生活を支援し、あわせて退所した者について相談その他の援助を行うことを目的とする施設。（児童福祉法第38条）	入所	契約
児童心理治療施設	家庭環境、学校における交友関係その他の環境上の理由により社会生活への適応が困難となった児童を、短期間、入所させ、又は保護者の下から通わせて、社会生活に適応するために必要な心理に関する治療及び生活指導を主として行い、あわせて退所した者について相談その他の援助を行うことを目的とする施設。（児童福祉法第43条の2）	入所・通所	措置

障害児入所施設	<福祉型障害児入所施設> 障害児を入所させて、保護、日常生活の指導及び独立自活に必要な知識技能の付与を行う施設。(児童福祉法第42条第1号) <医療型障害児入所施設> 障害児を入所させて、保護、日常生活の指導及び独立自活に必要な知識技能の付与及び治療を行う施設。(児童福祉法第42条第2号)	入所	契約
児童発達支援センター	<福祉型児童発達支援センター> 障害児を日々保護者の下から通わせて、日常生活における基本的動作の指導、独立自活に必要な知識技能の付与又は集団生活への適応のための訓練を行う施設。(児童福祉法第43条第1号) <医療型児童発達支援センター> 障害児を日々保護者の下から通わせて、日常生活における基本的動作の指導、独立自活に必要な知識技能の付与又は集団生活への適応のための訓練を及治療を行う施設。(児童福祉法第43条第2号)	通所	契約
児童家庭支援センター	地域の児童の福祉に関する各般の問題につき、児童に関する家庭その他からの相談のうち、専門的な知識及び技術を必要とするものに応じ、必要な助言を行うとともに、市町村の求めに応じ、技術的助言その他必要な援助を行うほか、第26条第1項第2号及び第27条第1項第2号の規定による指導を行い、あわせて児童相談所、児童福祉施設等との連絡調整その他厚生労働省令の定める援助を総合的に行うことを目的とする施設。(児童福祉法第44条の2)	利用	利用
児童厚生施設	児童遊園・児童館など児童に健全な遊びを与えて、その健康を増進し、又は情操をゆたかにすることを目的とする施設。(児童福祉法第40条)	利用	利用
助産施設	保健上必要があるにもかかわらず、経済的理由により、入院助産を受けることができない妊産婦を入所させて、助産を受けさせることを目的とする施設。　(児童福祉法第36条)	入所	契約
保育所	児童福祉法及び子ども・子育て支援法の定めるところにより、保護者の労働又は疾病その他の事由により、その監護すべき乳児、幼児その他の児童について保育を必要とする場合において、当該児童を保育するための施設。(児童福祉法第24条)(児童福祉法第39条)	通所	契約
幼保連携型認定こども園	義務教育及びその後の教育の基礎を培うものとしての満3歳以上の幼児に対する教育及び保育を必要とする乳児・幼児に対する保育を一体的に行い、これらの乳児又は幼児の健やかな成長が図られるよう適当な環境を与えて、その心身の発達を助長することを目的とする施設。(児童福祉法第39条の2)	通所	契約

出典：関係法令、運営指針等をもとに筆者作成

素養があり、かつ、適切な訓練を受けた職員の指導により、心身ともに健やかにして、社会に適応するように育成されることを保障する」ことを目的としており、厚生労働大臣は「設備運営基準」を常に向上させるよう努めなければならないとされている）。また、都道府県は「設備運営基準」に基づき、地域の実情に応じた内容で施設に関する「最低基準」を条例により定めており（「最低基準」の目的も設備運営基準と同様に施設を利用する子どもなどに適切な環境を保障することであり、都道府県は「最低基準」を常に向上させるように努めるものとされている）、子ども家庭福祉・社会的養護に関連する施設は、この「最低基準」を超えて「常に、その設備及び運営を向上」していかなければならない。当然のことであるが、施設に勤め、子どもたちやその保護者・家族を支える保育者にも日々の研鑽が求められているのである。

【引用・参考文献】

小木曽宏・宮本秀樹・鈴木崇之編『よくわかる社会的養護内容（第3版）』ミネルヴァ書房、2015年

公益財団法人児童育成協会監修、相澤仁・林浩康編集『社会的養護（第2版）』中央法規、2017年

厚生労働省子ども家庭局家庭福祉課「社会的養育の推進に向けて」2017年 <https://www.mhlw.go.jp/file/06-Seisakujouhou-11900000-Koyoukintoujidoukateikyoku/0000187950.pdf>（2018年7月26日 最終アクセス）

児童福祉法研究会編『児童福祉法成立資料集成（上巻）』ドメス出版、1978年

日本養護教諭教育学会編『養護教諭の専門領域に関する用語の解説集（第2版）』日本養護教諭教育学会、2012年

藤田和也『養護教諭実践論』青木書店、1985年

（杉浦　誠）

第8章　教師論・保育者論
―求められる教師・保育者の専門性―

第1節　専門職としての教師・保育者

1　現在の教育・保育の現場は

　現在、教育・保育の現場は、様々な問題を抱えている。そこで争点となるのが、教師・保育者の専門性、資質・能力である。

　教師・保育者の専門性の向上は、以下で示すように、常に議論の的になってきた。教員免許更新講習や各種研修の充実、キャリアパスの導入など、様々な方策がとられるが、教師・保育者の専門性向上は未だ課題となっている。では、そもそも教師・保育者の専門性とは何か、以下では、①専門職としての教師、②専門性とは何か、③教師文化、④教師・保育者の専門性向上、⑤先人の教師論という視点から具体的に考察していきたい。ここでは、広い視点から教師（教諭）・保育士に共通する専門性として考えていきたい。

2　ILO・ユネスコの勧告

　教師・保育者という仕事は、専門職と言えるのだろうか。この議論は古くから存在する。

　ILO・ユネスコは、1966年に「教員の地位に関する勧告」を示し、「教育の仕事は専門職とみなされるべきである」とした。その30年後に当たる1996年に、ユネスコは「教員の役割と地位に関する勧告」を採択した。以上の二つの勧告から、教職が決して単純な作業ではないこと、

複雑化した現代社会において困難な課題に挑む専門職であるということがわかる。

3 リーバーマンの「専門職」の定義

専門職としての教師像の考察について有名なものとして、リーバーマン（Lieberman, M）による定義がある。

リーバーマンは「専門職」の定義として以下の点を示している。①比類のない、明確で、かつ不可欠な社会的サーヴィスを提供する、②サーヴィスを提供する際に、知的な技能が重視される、③長期にわたる専門的訓練を必要とする、④個々の職業人およびその職業集団全体にとって、広範囲の自律性が認められている、⑤職業的自律性の範囲内で行われる判断や行為について広く責任を負うことが、個々の職業人に受け入れられている、⑥職業集団に委ねられた社会的サーヴィスの組織化および遂行の原理として強調されるのは、個人が得る経済的報酬よりも、提供されるサーヴィス内容である、⑦包括的な自治組織を結成している、⑧具体的事例によって、曖昧で疑わしい点が明確化され解釈されてきた倫理綱領をもつ。

4 ドナルド・ショーンの「反省的実践家」と省察

ドナルド・ショーン（Donald Alan Schön, 1930-1997）は、旧来の専門職としての概念である「技術的熟練者」と対比させる形で「反省的実践家」の概念を提示した。

ショーンは、知識やテクニックを扱うことのみが専門家ではなく、状況を省察し、適切な行為を導く「洗練された技法」を専門家の知識と捉えた。これからの時代における教師は、「反省的実践家」でなければならないといえる。

第2節　教師・保育者の専門性とは何か

1 教師・保育者の専門性

　筆者は、自身の授業（教職原理）の中で「教師の資質・能力とは何か？」「保育者の専門性とは何か？」と学生に問うことがある。18~19歳の学生たちは、次々と「ピアノがうまい」「遊びをたくさん知っている」「子どもとの関わりがうまい」「様々なことを知っている知識者」「絵本の読み聞かせが得意」などの解答が出てくる。

　確かに、上記の視点は、教師・保育者の専門性を考えるうえで、重要な観点であろう。ただ、教師・保育者の専門性は、ピアノや絵本の読み聞かせなどの教育技術だけではない。子どもの心に寄り添えるカウンセリングマインドや、同僚と仕事をこなしていく協調性・協働性、コミュニケーション力、書類を作成する文章能力も教師・保育者の専門性の一部である。また、専門的知識を有した専門家（スペシャリスト）だけではなく、幅広い知識や教養を持ち合わせた教養者（ジェネラリスト）でなければならない。

　近年は、教師・保育者にとって、保護者とどうかかわるかがポイントとなっている。モンスターペアレントという言葉も教育・保育業界では広がっている。「保育所保育指針」においても、子育て支援が重視されており、その記述も改訂のたびに増加している。さらに、地域社会をどう取り込んでいくのか、如何に協力していくのかについても教師・保育者に求められる専門性である。

　加えて、①子どもが好きである、②きれい好きである、③責任感が強い、④人と関わることが好きである、⑤様々なことを学ぶのが苦にならない、⑥食べ物の好き嫌いがない、⑦読書が好きである、⑧公平な視点で子どもをみることができる、などの資質の面も、教師・保育者であれ

ば身についていなければならない。教師・保育者は、こういった点も求められているということである。

2　幼稚園教師の資質・能力

教師の資質・能力について、答申など、特徴的なものを以下で示す。

2002年の文部科学省「幼稚園教員の資質向上について―自ら学ぶ幼稚園教員のために」によると、幼稚園教員の専門性として、①幼児理解・総合的に指導する力、②具体的に保育を構想する力、実践力、③得意分野の育成、教員集団の一員としての協働性、④特別な教育的配慮を要する幼児に対応する力、⑤小学校や保育所との連携を推進する力、⑥保護者及び地域社会との関係を構築する力、⑦園長など管理職が発揮するリーダーシップ、⑧人権に対する理解があげられている。

2005年の中央教育審議会答申「新しい時代の義務教育を創造する」では、優れた教師の条件として、①教職に対する強い情熱、②教育の専門家としての確かな力量、③総合的な人間力をあげている。これは、幼児教育における教師・保育者においても見過ごすことのできないものである。

2012年の中央教育審議会答申「教職生活の全体を通じた教員の資質能力の総合的な向上方策について」において、「学び続ける教員像」が提示された。そこでは、専門職としての高度な知識・技術として「新たな学びを展開できる実践的指導者」がこれからの教員に求められる資質能力であるとしている。

2015年の中央教育審議会答申「これからの学校教育を担う教員の資質能力の向上について〜学び合い、高め合う教員育成コミュニティの構築に向けて〜」においては、これまで教員として不易とされてきた資質能力に加え、自律的に学ぶ姿勢を持ち、生涯にわたって自己の専門性を高めていける力、情報を適切に収集、選択し、活用する能力、知識を有機的に結びつけ構造化する力、アクティブラーニングの視点、ＩＣＴの

活用、発達障害を含む特別な支援が必要な子どもへの対応、「チーム学校」の実現、多様な専門性を持つ人材と効果的に連携・分担し、組織的・協働的に諸課題の解決に取り組む力などが「これからの時代の教員に求められる資質能力」と示されている。

3 「幼稚園教育要領」「保育所保育指針」にみる専門性

「幼稚園教育要領」には、「幼児の主体的な活動を促すためには、教師が多様な関わりをもつことが重要であることを踏まえ、教師は、理解者、共同作業者など様々な役割を果たし、幼児の発達に必要な豊かな体験が得られるよう、活動の場面に応じて、適切な指導を行うようにすること」とある。「幼稚園教育要領解説」（2018年）の「教師の役割」には、「教師は、幼児と関わる中で、幼児の感動や努力、工夫などを温かく受け止め、励ましたり、手助けしたり、相談相手になったりするなどして心を通わせながら、望ましい方向に向かって幼児自らが活動を選択していくことができるよう、きめ細かな対応をしていくことが大切である」と示されている。

「保育所保育指針」の改訂（2017年）により、保育者の専門性について、「その職責を遂行するための専門性の向上に絶えず努めなければならない」という文言が追加された。保育者の専門性向上が、一つの課題であることがうかがわれる。

「保育所保育指針解説」（2018年）には、保育者の専門性として、①これからの社会に求められる資質を踏まえながら、乳幼児期の子どもの発達に関する専門的知識を基に子どもの育ちを見通し、一人一人の子どもの発達を援助する知識及び技術、②子どもの発達過程や意欲を踏まえ、子ども自らが生活していく力を細やかに助ける生活援助の知識及び技術、③保育所内外の空間や様々な設備、遊具、素材等の物的環境、自然環境や人的環境を生かし、保育の環境を構成していく知識及び技術、④子どもの経験や興味や関心に応じて、様々な遊びを豊かに展開してい

くための知識及び技術、⑤子ども同士の関わりや子どもと保護者の関わりなどを見守り、その気持ちに寄り添いながら適宜必要な援助をしていく関係構築の知識及び技術、⑥保護者等への相談・助言に関する知識及び技術、があげられている。

4　教師・保育者の高い倫理観

保育者の専門性は、「高い倫理観に裏付け」られていることが基本となっている。

全国保育士会倫理綱領には、「子どもが現在（いま）を幸せに生活し、未来（あす）を生きる力を育てる保育の仕事に誇りと責任をもって、自らの人間性と専門性の向上に努め、一人ひとりの子どもを心から尊重」することを基本に、保育者の倫理として、①子どもの最善の利益の尊重、②子どもの発達保障、③保護者との協力、④プライバシーの保護、⑤チームワークと自己評価、⑥利用者の代弁、⑦地域の子育て支援、⑧専門職としての責務が示されている。

第3節　教師文化と教師・保育者

佐藤学は、教師の仕事の特質として、①再帰性、②不確実性、③無境界性をあげている。

再帰性とは、保護者からのクレームなど、教師の仕事の責任は、常に自分に返ってくるということである。不確実性とは、あるクラスでうまく行った実践が他のクラスでうまく行くとは限らないということである。また、「よい教育」「よい授業」など、教師の仕事に確実なものはないということである。無境界性とは、教師の仕事は、ここまでやればそれでよいという境目がないということである。これらは、教師文化として、日々の教育実践の根底に存在しているものである。

こういった教師文化は、教師という仕事を過酷・多忙にする要因ともなりうる。つまり、教師文化は、教師の燃え尽き症候群（バーンアウト）にもつながるのである。バーンアウトとは、教師のストレスが極度に高まって、感情枯渇や無気力、教職を続ける意欲の減退など重い症状を呈することである。

　そこで重要なのが、教職における同僚性である。同僚性とは「相互に実践を高め合い専門家としての成長を達成する目的で連帯する同志関係」のことである。同僚性が強いところは、教師・保育者の質も確保され、よりよい教育につながっていく。教師・保育者のバーンアウトが起こらないような人間関係作り、職場の雰囲気作り、相互に認め合う環境が形成される必要がある。

第4節　教師・保育者の専門性向上

1　教員免許更新講習

　教員免許更新制度は、2009年4月から本格実施されている、教師の資質・能力の向上を目指して設定されたものである。これまで教員免許は永続的なものであったが、更新制度が導入されたことで、教員免許に10年という期限をつけた。30時間以上の講習を受け、テストに合格することで教員免許を更新できる。

　これは、あくまでも専門性向上のための講習であり、不適格教員を振るい落とすというものではない。これは、各教員が主体的に学び、自己の実践をよりよいものにしていくための「教員の学び」である。

2　専修免許状の取得に向けて

　教員免許は、2種（短期大学卒業）、1種（4年制大学卒業）、専修（大

学院修了及び大学院での単位修得後退学）の3種類に分かれている（高等学校教諭免許状は、1種と専修免許のみ）。教諭・保育者の職につき、その後、自身のレベルアップのために大学院に進学するケースも増えてきている。

自身の専門性向上のために、大学に戻って学ぶ、教職経験を基盤に研究することは極めて重要なことである。上述した「学び続ける教師像」の具現化のためにも、現職教員が大学院で学ぶことが推進されなければならない。

3　保育現場とキャリアパス

「調査研究協力者会議における議論の最終取りまとめ～保育士のキャリアパスに係る研修体系等の構築について～」において、「保育士は、子どもの保育や家庭での子育ての支援等に関する専門職として、保育所における中核的な役割を担うことが制度的に認められており、的確な子どもの理解、専門的知識、技術の向上や倫理観に裏付けられた判断・対応が求められ」るとしている。また、変化の激しい現代において、「保育士には、より高度な専門性が求められる」としている。

保育現場において専門的な対応が求められる分野として「乳児保育」「幼児教育」「障害児保育」「食育・アレルギー対応」「保健衛生・安全対策」及び「保護者支援・子育て支援」の6分野が考えられ、これら分野におけるリーダー的職員の育成のための研修が必要であるとしている。

第5節　先人から学ぶ教師・保育者像
―デューイの教師論―

ここでは、デューイ（J・Dewey 1859-1952）の教師論を示していきたい。進歩主義教育の代表者であるデューイは、子ども中心主義を主張

し、子どもの興味・関心を重視した問題解決型の学びを提示した人物である。その実践は、シカゴの実験学校で具現化されている。特に、子どもの「興味」を導く教師の指導性については特徴的である。

　デューイによれば、教師は「児童の能力や興味や習慣を見抜く心理的洞察からはじめなければならない」ということである。子どもの「興味」は、教師によって組み立てられ、価値ある結果へと向かう。教師は、子どもが向かう進路の終着点に立つような目標にまで導いていくことが可能なのであるとしている。そのために、教師は、環境を適切に用意し（時にはダイナミックに環境を変え）、子ども同士が話し合う機会を設け、子どもの活動欲求が十分に満たされるような教育を展開していくという役割をもっているのである。教師は子どもの活動の支援者といってよいだろう。

　これはまさに、現代の我が国でいうところの「アクティブ・ラーニング」の原点ともいえる。

第6節　教師論・保育者論のまとめ
―全体的考察―

　教師・保育者の専門性は、時代と共に変わりゆくものである。だからこそ、その時代に即した専門性のあり方を、我々は考えていかなければならないのである。

　ここで注意しなければならないことは、研修や様々な取り組みが、形式的なものになってしまわないこと、またはそれが教師・保育者にとって多大な負担となり、通常の教育・保育実践の妨げになるレベルになってはならないことである。

　教師・保育者にとって専門性とは何か、その向上のためには如何にすべきか、教師・保育者は今一度考えておく必要があるだろう。

【引用・参考文献】

佐藤学・秋田喜代美『新しい時代の教職入門（改訂版）』有斐閣、2015年

佐藤学『教師というアポリア―反省的実践へ』世織書房、1997年

ドナルド・ショーン（柳沢昌一、三輪建二監訳）『省察的実践とは何か―プロフェッショナルの行為と思考』鳳書房、2007年

柏女霊峰監修/全国保育士会編集『改訂版全国保育士会倫理綱領ガイドブック』全国社会福祉協議会、2009年

今津孝次郎『変動社会の教師教育』名古屋大学出版会、1996年

今津孝次郎『教師が育つ条件』岩波書店、2012年

文部科学省『幼稚園教育要領』フレーベル館、2017年

厚生労働省『保育所保育指針』フレーベル館、2017年

濱中啓二郎「幼児教育におけるデューイ教師論に関する研究―子どもの「興味」を導く教師の指導性―」『新渡戸文化短期大学学術雑誌』第7号、2017年

M. Lieberman「The future of public education」(university of chicago press, 1960)

（濱中啓二郎）

関連資料

■幼稚園教育要領（全文）
（平成29年告示）

第1章　総則

第1　幼稚園教育の基本

　幼児期の教育は、生涯にわたる人格形成の基礎を培う重要なものであり、幼稚園教育は、学校教育法に規定する目的及び目標を達成するため、幼児期の特性を踏まえ、環境を通して行うものであることを基本とする。

　このため教師は、幼児との信頼関係を十分に築き、幼児が身近な環境に主体的に関わり、環境との関わり方や意味に気付き、これらを取り込もうとして、試行錯誤したり、考えたりするようになる幼児期の教育における見方・考え方を生かし、幼児と共によりよい教育環境を創造するように努めるものとする。これらを踏まえ、次に示す事項を重視して教育を行わなければならない。

1　幼児は安定した情緒の下で自己を十分に発揮することにより発達に必要な体験を得ていくものであることを考慮して、幼児の主体的な活動を促し、幼児期にふさわしい生活が展開されるようにすること。

2　幼児の自発的な活動としての遊びは、心身の調和のとれた発達の基礎を培う重要な学習であることを考慮して、遊びを通しての指導を中心として第2章に示すねらいが総合的に達成されるようにすること。

3　幼児の発達は、心身の諸側面が相互に関連し合い、多様な経過をたどって成し遂げられていくものであること、また、幼児の生活経験がそれぞれ異なることなどを考慮して、幼児一人一人の特性に応じ、発達の課題に即した指導を行うようにすること。

　その際、教師は、幼児の主体的な活動が確保されるよう幼児一人一人の行動の理解と予想に基づき、計画的に環境を構成しなければならない。この場合において、教師は、幼児と人やものとの関わりが重要であることを踏まえ、教材を工夫し、物的・空間的環境を構成しなければならない。また、幼児一人一人の活動の場面に応じて、様々な役割を果たし、その活動を豊かにしなければならない。

第2　幼稚園教育において育みたい資質・能力及び「幼児期の終わりまでに育ってほしい姿」

1　幼稚園においては、生きる力の基礎を育むため、この章の第1に示す幼稚園教育の基本を踏まえ、次に掲げる資質・能力を一体的に育むよう努めるものとする。

(1) 豊かな体験を通じて、感じたり、気付いたり、分かったり、できるようになったりする「知識及び技能の基礎」

(2) 気付いたことや、できるようになったことなどを使い、考えたり、試したり、工夫したり、表現したりする「思考力、判断力、表現力等の基礎」

(3) 心情、意欲、態度が育つ中で、よりよい生活を営もうとする「学びに向かう力、人間性等」

2　1に示す資質・能力は、第2章に示すねらい及び内容に基づく活動全体によって育むものである。

3　次に示す「幼児期の終わりまでに育ってほしい姿」は、第2章に示すねらい及び内容に基づく活動全体を通して資質・能力が育まれている幼児の幼稚園修了時の具体的

な姿であり、教師が指導を行う際に考慮するものである。
(1) 健康な心と体
　幼稚園生活の中で、充実感をもって自分のやりたいことに向かって心と体を十分に働かせ、見通しをもって行動し、自ら健康で安全な生活をつくり出すようになる。
(2) 自立心
　身近な環境に主体的に関わり様々な活動を楽しむ中で、しなければならないことを自覚し、自分の力で行うために考えたり、工夫したりしながら、諦めずにやり遂げることで達成感を味わい、自信をもって行動するようになる。
(3) 協同性
　友達と関わる中で、互いの思いや考えなどを共有し、共通の目的の実現に向けて、考えたり、工夫したり、協力したりし、充実感をもってやり遂げるようになる。
(4) 道徳性・規範意識の芽生え
　友達と様々な体験を重ねる中で、してよいことや悪いことが分かり、自分の行動を振り返ったり、友達の気持ちに共感したりし、相手の立場に立って行動するようになる。また、きまりを守る必要性が分かり、自分の気持ちを調整し、友達と折り合いを付けながら、きまりをつくったり、守ったりするようになる。
(5) 社会生活との関わり
　家族を大切にしようとする気持ちをもつとともに、地域の身近な人と触れ合う中で、人との様々な関わり方に気付き、相手の気持ちを考えて関わり、自分が役に立つ喜びを感じ、地域に親しみをもつようになる。また、幼稚園内外の様々な環境に関わる中で、遊びや生活に必要な情報を取り入れ、情報に基づき判断したり、情報を伝え合ったり、活用したりするなど、情報を役立てながら活動するようになるとともに、公共の施設を大切に利用するなどして、社会と

のつながりなどを意識するようになる。
(6) 思考力の芽生え
　身近な事象に積極的に関わる中で、物の性質や仕組みなどを感じ取ったり、気付いたりし、考えたり、予想したり、工夫したりするなど、多様な関わりを楽しむようになる。また、友達の様々な考えに触れる中で、自分と異なる考えがあることに気付き、自ら判断したり、考え直したりするなど、新しい考えを生み出す喜びを味わいながら、自分の考えをよりよいものにするようになる。
(7) 自然との関わり・生命尊重
　自然に触れて感動する体験を通して、自然の変化などを感じ取り、好奇心や探究心をもって考え言葉などで表現しながら、身近な事象への関心が高まるとともに、自然への愛情や畏敬の念をもつようになる。また、身近な動植物に心を動かされる中で、生命の不思議さや尊さに気付き、身近な動植物への接し方を考え、命あるものとしていたわり、大切にする気持ちをもって関わるようになる。
(8) 数量や図形、標識や文字などへの関心・感覚
　遊びや生活の中で、数量や図形、標識や文字などに親しむ体験を重ねたり、標識や文字の役割に気付いたりし、自らの必要感に基づきこれらを活用し、興味や関心、感覚をもつようになる。
(9) 言葉による伝え合い
　先生や友達と心を通わせる中で、絵本や物語などに親しみながら、豊かな言葉や表現を身に付け、経験したことや考えたことなどを言葉で伝えたり、相手の話を注意して聞いたりし、言葉による伝え合いを楽しむようになる。
(10) 豊かな感性と表現
　心を動かす出来事などに触れ感性を働かせる中で、様々な素材の特徴や表現の仕方

などに気付き、感じたことや考えたことを自分で表現したり、友達同士で表現する過程を楽しんだりし、表現する喜びを味わい、意欲をもつようになる。

第3 教育課程の役割と編成等

1 教育課程の役割

各幼稚園においては、教育基本法及び学校教育法その他の法令並びにこの幼稚園教育要領の示すところに従い、創意工夫を生かし、幼児の心身の発達と幼稚園及び地域の実態に即応した適切な教育課程を編成するものとする。

また、各幼稚園においては、6に示す全体的な計画にも留意しながら、「幼児期の終わりまでに育ってほしい姿」を踏まえ教育課程を編成すること、教育課程の実施状況を評価してその改善を図っていくこと、教育課程の実施に必要な人的又は物的な体制を確保するとともにその改善を図っていくことなどを通して、教育課程に基づき組織的かつ計画的に各幼稚園の教育活動の質の向上を図っていくこと(以下「カリキュラム・マネジメント」という。)に努めるものとする。

2 各幼稚園の教育目標と教育課程の編成

教育課程の編成に当たっては、幼稚園教育において育みたい資質・能力を踏まえつつ、各幼稚園の教育目標を明確にするとともに、教育課程の編成についての基本的な方針が家庭や地域とも共有されるよう努めるものとする。

3 教育課程の編成上の基本的事項

(1) 幼稚園生活の全体を通して第2章に示すねらいが総合的に達成されるよう、教育課程に係る教育期間や幼児の生活経験や発達の過程などを考慮して具体的なねらいと内容を組織するものとする。この場合において、特に、自我が芽生え、他者の存在を意識し、自己を抑制しようとする気持ちが生まれる幼児期の発達の特性を踏まえ、入園から修了に至るまでの長期的な視野をもって充実した生活が展開できるように配慮するものとする。

(2) 幼稚園の毎学年の教育課程に係る教育週数は、特別の事情のある場合を除き、39週を下ってはならない。

(3) 幼稚園の1日の教育課程に係る教育時間は、4時間を標準とする。ただし、幼児の心身の発達の程度や季節などに適切に配慮するものとする。

4 教育課程の編成上の留意事項

教育課程の編成に当たっては、次の事項に留意するものとする。

(1) 幼児の生活は、入園当初の一人一人の遊びや教師との触れ合いを通して幼稚園生活に親しみ、安定していく時期から、他の幼児との関わりの中で幼児の主体的な活動が深まり、幼児が互いに必要な存在であることを認識するようになり、やがて幼児同士や学級全体で目的をもって協同して幼稚園生活を展開し、深めていく時期などに至るまでの過程を様々に経ながら広げられていくものであることを考慮し、活動がそれぞれの時期にふさわしく展開されるようにすること。

(2) 入園当初、特に、3歳児の入園については、家庭との連携を緊密にし、生活のリズムや安全面に十分配慮すること。また、満3歳児については、学年の途中から入園することを考慮し、幼児が安心して幼稚園生活を過ごすことができるよう配慮すること。

(3) 幼稚園生活が幼児にとって安全なものとなるよう、教職員による協力体制の下、幼児の主体的な活動を大切にしつつ、園庭や園舎などの環境の配慮や指導の工夫を行うこと。

5 小学校教育との接続に当たっての留意事項

(1) 幼稚園においては、幼稚園教育が、小学

校以降の生活や学習の基盤の育成につながることに配慮し、幼児期にふさわしい生活を通して、創造的な思考や主体的な生活態度などの基礎を培うようにするものとする。
(2) 幼稚園教育において育まれた資質・能力を踏まえ、小学校教育が円滑に行われるよう、小学校の教師との意見交換や合同の研究の機会などを設け、「幼児期の終わりまでに育ってほしい姿」を共有するなど連携を図り、幼稚園教育と小学校教育との円滑な接続を図るよう努めるものとする。
6 全体的な計画の作成
　各幼稚園においては、教育課程を中心に、第3章に示す教育課程に係る教育時間の終了後等に行う教育活動の計画、学校保健計画、学校安全計画などとを関連させ、一体的に教育活動が展開されるよう全体的な計画を作成するものとする。

第4 指導計画の作成と幼児理解に基づいた評価

1 指導計画の考え方
　幼稚園教育は、幼児が自ら意欲をもって環境と関わることによりつくり出される具体的な活動を通して、その目標の達成を図るものである。
　幼稚園においてはこのことを踏まえ、幼児期にふさわしい生活が展開され、適切な指導が行われるよう、それぞれの幼稚園の教育課程に基づき、調和のとれた組織的、発展的な指導計画を作成し、幼児の活動に沿った柔軟な指導を行わなければならない。
2 指導計画の作成上の基本的事項
(1) 指導計画は、幼児の発達に即して一人一人の幼児が幼児期にふさわしい生活を展開し、必要な体験を得られるようにするために、具体的に作成するものとする。
(2) 指導計画の作成に当たっては、次に示すところにより、具体的なねらい及び内容を明確に設定し、適切な環境を構成すること

などにより活動が選択・展開されるようにするものとする。
　ア　具体的なねらい及び内容は、幼稚園生活における幼児の発達の過程を見通し、幼児の生活の連続性、季節の変化などを考慮して、幼児の興味や関心、発達の実情などに応じて設定すること。
　イ　環境は、具体的なねらいを達成するために適切なものとなるように構成し、幼児が自らその環境に関わることにより様々な活動を展開しつつ必要な体験を得られるようにすること。その際、幼児の生活する姿や発想を大切にし、常にその環境が適切なものとなるようにすること。
　ウ　幼児の行う具体的な活動は、生活の流れの中で様々に変化するものであることに留意し、幼児が望ましい方向に向かって自ら活動を展開していくことができるよう必要な援助をすること。

　その際、幼児の実態及び幼児を取り巻く状況の変化などに即して指導の過程についての評価を適切に行い、常に指導計画の改善を図るものとする。
3 指導計画の作成上の留意事項
　指導計画の作成に当たっては、次の事項に留意するものとする。
(1) 長期的に発達を見通した年、学期、月などにわたる長期の指導計画やこれとの関連を保ちながらより具体的な幼児の生活に即した週、日などの短期の指導計画を作成し、適切な指導が行われるようにすること。特に、週、日などの短期の指導計画については、幼児の生活のリズムに配慮し、幼児の意識や興味の連続性のある活動が相互に関連して幼稚園生活の自然な流れの中に組み込まれるようにすること。
(2) 幼児が様々な人やものとの関わりを通して、多様な体験をし、心身の調和のとれた発達を促すようにしていくこと。その際、

幼児の発達に即して主体的・対話的で深い学びが実現するようにするとともに、心を動かされる体験が次の活動を生み出すことを考慮し、一つ一つの体験が相互に結び付き、幼稚園生活が充実するようにすること。
(3) 言語に関する能力の発達と思考力等の発達が関連していることを踏まえ、幼稚園生活全体を通して、幼児の発達を踏まえた言語環境を整え、言語活動の充実を図ること。
(4) 幼児が次の活動への期待や意欲をもつことができるよう、幼児の実態を踏まえながら、教師や他の幼児と共に遊びや生活の中で見通しをもったり、振り返ったりするよう工夫すること。
(5) 行事の指導に当たっては、幼稚園生活の自然の流れの中で生活に変化や潤いを与え、幼児が主体的に楽しく活動できるようにすること。なお、それぞれの行事についてはその教育的価値を十分検討し、適切なものを精選し、幼児の負担にならないようにすること。
(6) 幼児期は直接的な体験が重要であることを踏まえ、視聴覚教材やコンピュータなど情報機器を活用する際には、幼稚園生活では得難い体験を補完するなど、幼児の体験との関連を考慮すること。
(7) 幼児の主体的な活動を促すためには、教師が多様な関わりをもつことが重要であることを踏まえ、教師は、理解者、共同作業者など様々な役割を果たし、幼児の発達に必要な豊かな体験が得られるよう、活動の場面に応じて、適切な指導を行うようにすること。
(8) 幼児の行う活動は、個人、グループ、学級全体などで多様に展開されるものであることを踏まえ、幼稚園全体の教師による協力体制を作りながら、一人一人の幼児が興味や欲求を十分に満足させるよう適切な援助を行うようにすること。
4 幼児理解に基づいた評価の実施

幼児一人一人の発達の理解に基づいた評価の実施に当たっては、次の事項に配慮するものとする。
(1) 指導の過程を振り返りながら幼児の理解を進め、幼児一人一人のよさや可能性などを把握し、指導の改善に生かすようにすること。その際、他の幼児との比較や一定の基準に対する達成度についての評定によって捉えるものではないことに留意すること。
(2) 評価の妥当性や信頼性が高められるよう創意工夫を行い、組織的かつ計画的な取組を推進するとともに、次年度又は小学校等にその内容が適切に引き継がれるようにすること。

第5 特別な配慮を必要とする幼児への指導

1 障害のある幼児などへの指導

障害のある幼児などへの指導に当たっては、集団の中で生活することを通して全体的な発達を促していくことに配慮し、特別支援学校などの助言又は援助を活用しつつ、個々の幼児の障害の状態などに応じた指導内容や指導方法の工夫を組織的かつ計画的に行うものとする。また、家庭、地域及び医療や福祉、保健等の業務を行う関係機関との連携を図り、長期的な視点で幼児への教育的支援を行うために、個別の教育支援計画を作成し活用することに努めるとともに、個々の幼児の実態を的確に把握し、個別の指導計画を作成し活用することに努めるものとする。

2 海外から帰国した幼児や生活に必要な日本語の習得に困難のある幼児の幼稚園生活への適応

海外から帰国した幼児や生活に必要な日本語の習得に困難のある幼児については、安心して自己を発揮できるよう配慮するなど個々の幼児の実態に応じ、指導内容や指導方法の工夫を組織的かつ計画的に行うものとする。

第6　幼稚園運営上の留意事項
1　各幼稚園においては、園長の方針の下に、園務分掌に基づき教職員が適切に役割を分担しつつ、相互に連携しながら、教育課程や指導の改善を図るものとする。また、各幼稚園が行う学校評価については、教育課程の編成、実施、改善が教育活動や幼稚園運営の中核となることを踏まえ、カリキュラム・マネジメントと関連付けながら実施するよう留意するものとする。
2　幼児の生活は、家庭を基盤として地域社会を通じて次第に広がりをもつものであることに留意し、家庭との連携を十分に図るなど、幼稚園における生活が家庭や地域社会と連続性を保ちつつ展開されるようにするものとする。その際、地域の自然、高齢者や異年齢の子供などを含む人材、行事や公共施設などの地域の資源を積極的に活用し、幼児が豊かな生活体験を得られるように工夫するものとする。また、家庭との連携に当たっては、保護者との情報交換の機会を設けたり、保護者と幼児との活動の機会を設けたりなどすることを通じて、保護者の幼児期の教育に関する理解が深まるよう配慮するものとする。
3　地域や幼稚園の実態等により、幼稚園間に加え、保育所、幼保連携型認定こども園、小学校、中学校、高等学校及び特別支援学校などとの間の連携や交流を図るものとする。特に、幼稚園教育と小学校教育の円滑な接続のため、幼稚園の幼児と小学校の児童との交流の機会を積極的に設けるようにするものとする。また、障害のある幼児児童生徒との交流及び共同学習の機会を設け、共に尊重し合いながら協働して生活していく態度を育むよう努めるものとする。

第7　教育課程に係る教育時間終了後等に行う教育活動など

　幼稚園は、第3章に示す教育課程に係る教育時間の終了後等に行う教育活動について、学校教育法に規定する目的及び目標並びにこの章の第1に示す幼稚園教育の基本を踏まえ実施するものとする。また、幼稚園の目的の達成に資するため、幼児の生活全体が豊かなものとなるよう家庭や地域における幼児期の教育の支援に努めるものとする。

第2章　ねらい及び内容

　この章に示すねらいは、幼稚園教育において育みたい資質・能力を幼児の生活する姿から捉えたものであり、内容は、ねらいを達成するために指導する事項である。各領域は、これらを幼児の発達の側面から、心身の健康に関する領域「健康」、人との関わりに関する領域「人間関係」、身近な環境との関わりに関する領域「環境」、言葉の獲得に関する領域「言葉」及び感性と表現に関する領域「表現」としてまとめ、示したものである。内容の取扱いは、幼児の発達を踏まえた指導を行うに当たって留意すべき事項である。

　各領域に示すねらいは、幼稚園における生活の全体を通じ、幼児が様々な体験を積み重ねる中で相互に関連をもちながら次第に達成に向かうものであること、内容は、幼児が環境に関わって展開する具体的な活動を通して総合的に指導されるものであることに留意しなければならない。

　また、「幼児期の終わりまでに育ってほしい姿」が、ねらい及び内容に基づく活動全体を通して資質・能力が育まれている幼児の幼稚園修了時の具体的な姿であることを踏まえ、指導を行う際に考慮するものとする。

　なお、特に必要な場合には、各領域に示すねらいの趣旨に基づいて適切な、具体的な内容を工夫し、それを加えても差し支えないが、その場合には、それが第1章の第1に示す幼稚園教育の基本を逸脱しないよう慎重に配慮する必要がある。

健康

〔健康な心と体を育て、自ら健康で安全な生活をつくり出す力を養う。〕

1 ねらい
(1) 明るく伸び伸びと行動し、充実感を味わう。
(2) 自分の体を十分に動かし、進んで運動しようとする。
(3) 健康、安全な生活に必要な習慣や態度を身に付け、見通しをもって行動する。

2 内容
(1) 先生や友達と触れ合い、安定感をもって行動する。
(2) いろいろな遊びの中で十分に体を動かす。
(3) 進んで戸外で遊ぶ。
(4) 様々な活動に親しみ、楽しんで取り組む。
(5) 先生や友達と食べることを楽しみ、食べ物への興味や関心をもつ。
(6) 健康な生活のリズムを身に付ける。
(7) 身の回りを清潔にし、衣服の着脱、食事、排泄などの生活に必要な活動をせつ自分でする。
(8) 幼稚園における生活の仕方を知り、自分たちで生活の場を整えながら見通しをもって行動する。
(9) 自分の健康に関心をもち、病気の予防などに必要な活動を進んで行う。
(10) 危険な場所、危険な遊び方、災害時などの行動の仕方が分かり、安全に気を付けて行動する。

3 内容の取扱い

上記の取扱いに当たっては、次の事項に留意する必要がある。
(1) 心と体の健康は、相互に密接な関連があるものであることを踏まえ、幼児が教師や他の幼児との温かい触れ合いの中で自己の存在感や充実感を味わうことなどを基盤として、しなやかな心と体の発達を促すこと。特に、十分に体を動かす気持ちよさを体験し、自ら体を動かそうとする意欲が育つようにすること。
(2) 様々な遊びの中で、幼児が興味や関心、能力に応じて全身を使って活動することにより、体を動かす楽しさを味わい、自分の体を大切にしようとする気持ちが育つようにすること。その際、多様な動きを経験する中で、体の動きを調整するようにすること。
(3) 自然の中で伸び伸びと体を動かして遊ぶことにより、体の諸機能の発達が促されることに留意し、幼児の興味や関心が戸外にも向くようにすること。その際、幼児の動線に配慮した園庭や遊具の配置などを工夫すること。
(4) 健康な心と体を育てるためには食育を通じた望ましい食習慣の形成が大切であることを踏まえ、幼児の食生活の実情に配慮し、和やかな雰囲気の中で教師や他の幼児と食べる喜びや楽しさを味わったり、様々な食べ物への興味や関心をもったりするなどし、食の大切さに気付き、進んで食べようとする気持ちが育つようにすること。
(5) 基本的な生活習慣の形成に当たっては、家庭での生活経験に配慮し、幼児の自立心を育て、幼児が他の幼児と関わりながら主体的な活動を展開する中で、生活に必要な習慣を身に付け、次第に見通しをもって行動できるようにすること。
(6) 安全に関する指導に当たっては、情緒の安定を図り、遊びを通して安全についての構えを身に付け、危険な場所や事物などが分かり、安全についての理解を深めるようにすること。また、交通安全の習慣を身に付けるようにするとともに、避難訓練などを通して、災害などの緊急時に適切な行動がとれるようにすること。

人間関係

〔他の人々と親しみ、支え合って生活するために、自立心を育て、人と関わる力を養う。〕

1 ねらい
(1) 幼稚園生活を楽しみ、自分の力で行動することの充実感を味わう。
(2) 身近な人と親しみ、関わりを深め、工夫したり、協力したりして一緒に活動する楽しさを味わい、愛情や信頼感をもつ。
(3) 社会生活における望ましい習慣や態度を身に付ける。

2 内容
(1) 先生や友達と共に過ごすことの喜びを味わう。
(2) 自分で考え、自分で行動する。
(3) 自分でできることは自分でする。
(4) いろいろな遊びを楽しみながら物事をやり遂げようとする気持ちをもつ。
(5) 友達と積極的に関わりながら喜びや悲しみを共感し合う。
(6) 自分の思ったことを相手に伝え、相手の思っていることに気付く。
(7) 友達のよさに気付き、一緒に活動する楽しさを味わう。
(8) 友達と楽しく活動する中で、共通の目的を見いだし、工夫したり、協力したりなどする。
(9) よいことや悪いことがあることに気付き、考えながら行動する。
(10) 友達との関わりを深め、思いやりをもつ。
(11) 友達と楽しく生活する中できまりの大切さに気付き、守ろうとする。
(12) 共同の遊具や用具を大切にし、皆で使う。
(13) 高齢者をはじめ地域の人々などの自分の生活に関係の深いいろいろな人に親しみをもつ。

3 内容の取扱い
上記の取扱いに当たっては、次の事項に留意する必要がある。
(1) 教師との信頼関係に支えられて自分自身の生活を確立していくことが人と関わる基盤となることを考慮し、幼児が自ら周囲に働き掛けることにより多様な感情を体験し、試行錯誤しながら諦めずにやり遂げることの達成感や、前向きな見通しをもって自分の力で行うことの充実感を味わうことができるよう、幼児の行動を見守りながら適切な援助を行うようにすること。
(2) 一人一人を生かした集団を形成しながら人と関わる力を育てていくようにすること。その際、集団の生活の中で、幼児が自己を発揮し、教師や他の幼児に認められる体験をし、自分のよさや特徴に気付き、自信をもって行動できるようにすること。
(3) 幼児が互いに関わりを深め、協同して遊ぶようになるため、自ら行動する力を育てるようにするとともに、他の幼児と試行錯誤しながら活動を展開する楽しさや共通の目的が実現する喜びを味わうことができるようにすること。
(4) 道徳性の芽生えを培うに当たっては、基本的な生活習慣の形成を図るとともに、幼児が他の幼児との関わりの中で他人の存在に気付き、相手を尊重する気持ちをもって行動できるようにし、また、自然や身近な動植物に親しむことなどを通して豊かな心情が育つようにすること。特に、人に対する信頼感や思いやりの気持ちは、葛藤やつまずきをも体験し、それらを乗り越えることにより次第に芽生えてくることに配慮すること。
(5) 集団の生活を通して、幼児が人との関わりを深め、規範意識の芽えが培われることを考慮し、幼児が教師との信頼関係に支えられて自己を発揮する中で、互いに思いを主張し、折り合いを付ける体験をし、きまりの必要性などに気付き、自分の気持ちを調整する力が育つようにすること。
(6) 高齢者をはじめ地域の人々などの自分の生活に関係の深いいろいろな人と触れ合い、自分の感情や意志を表現しながら共に楽しみ、共感し合う体験を通して、これらの人々などに親しみをもち、人と関わること

の楽しさや人の役に立つ喜びを味わうことができるようにすること。また、生活を通して親や祖父母などの家族の愛情に気付き、家族を大切にしようとする気持ちが育つようにすること。

環境
〔周囲の様々な環境に好奇心や探究心をもって関わり、それらを生活に取り入れていこうとする力を養う。〕
1 ねらい
(1) 身近な環境に親しみ、自然と触れ合う中で様々な事象に興味や関心をもつ。
(2) 身近な環境に自分から関わり、発見を楽しんだり、考えたりし、それを生活に取り入れようとする。
(3) 身近な事象を見たり、考えたり、扱ったりする中で、物の性質や数量、文字などに対する感覚を豊かにする。
2 内容
(1) 自然に触れて生活し、その大きさ、美しさ、不思議さなどに気付く。
(2) 生活の中で、様々な物に触れ、その性質や仕組みに興味や関心をもつ。
(3) 季節により自然や人間の生活に変化のあることに気付く。
(4) 自然などの身近な事象に関心をもち、取り入れて遊ぶ。
(5) 身近な動植物に親しみをもって接し、生命の尊さに気付き、いたわったり、大切にしたりする。
(6) 日常生活の中で、我が国や地域社会における様々な文化や伝統に親しむ。
(7) 身近な物を大切にする。
(8) 身近な物や遊具に興味をもって関わり、自分なりに比べたり、関連付けたりしながら考えたり、試したりして工夫して遊ぶ。
(9) 日常生活の中で数量や図形などに関心をもつ。
(10) 日常生活の中で簡単な標識や文字などに関心をもつ。
(11) 生活に関係の深い情報や施設などに興味や関心をもつ。
(12) 幼稚園内外の行事において国旗に親しむ。
3 内容の取扱い
上記の取扱いに当たっては、次の事項に留意する必要がある。
(1) 幼児が、遊びの中で周囲の環境と関わり、次第に周囲の世界に好奇心を抱き、その意味や操作の仕方に関心をもち、物事の法則性に気付き、自分なりに考えることができるようになる過程を大切にすること。また、他の幼児の考えなどに触れて新しい考えを生み出す喜びや楽しさを味わい、自分の考えをよりよいものにしようとする気持ちが育つようにすること。
(2) 幼児期において自然のもつ意味は大きく、自然の大きさ、美しさ、不思議さなどに直接触れる体験を通して、幼児の心が安らぎ、豊かな感情、好奇心、思考力、表現力の基礎が培われることを踏まえ、幼児が自然との関わりを深めることができるよう工夫すること。
(3) 身近な事象や動植物に対する感動を伝え合い、共感し合うことなどを通して自分から関わろうとする意欲を育てるとともに、様々な関わり方を通してそれらに対する親しみや畏敬の念、生命を大切にする気持ち、公共心、探究心などが養われるようにすること。
(4) 文化や伝統に親しむ際には、正月や節句など我が国の伝統的な行事、国歌、唱歌、わらべうたや我が国の伝統的な遊びに親しんだり、異なる文化に触れる活動に親しんだりすることを通じて、社会とのつながりの意識や国際理解の意識の芽生えなどが養われるようにすること。
(5) 数量や文字などに関しては、日常生活の中で幼児自身の必要感に基づく体験を大切にし、数量や文字などに関する興味や関心、

感覚が養われるようにすること。

言葉
〔経験したことや考えたことなどを自分なりの言葉で表現し、相手の話す言葉を聞こうとする意欲や態度を育て、言葉に対する感覚や言葉で表現する力を養う。〕

1 ねらい
(1) 自分の気持ちを言葉で表現する楽しさを味わう。
(2) 人の言葉や話などをよく聞き、自分の経験したことや考えたことを話し、伝え合う喜びを味わう。
(3) 日常生活に必要な言葉が分かるようになるとともに、絵本や物語などに親しみ、言葉に対する感覚を豊かにし、先生や友達と心を通わせる。

2 内容
(1) 先生や友達の言葉や話に興味や関心をもち、親しみをもって聞いたり、話したりする。
(2) したり、見たり、聞いたり、感じたり、考えたりなどしたことを自分なりに言葉で表現する。
(3) したいこと、してほしいことを言葉で表現したり、分からないことを尋ねたりする。
(4) 人の話を注意して聞き、相手に分かるように話す。
(5) 生活の中で必要な言葉が分かり、使う。
(6) 親しみをもって日常の挨拶をする。
(7) 生活の中で言葉の楽しさや美しさに気付く。
(8) いろいろな体験を通じてイメージや言葉を豊かにする。
(9) 絵本や物語などに親しみ、興味をもって聞き、想像をする楽しさを味わう。
(10) 日常生活の中で、文字などで伝える楽しさを味わう。

3 内容の取扱い
上記の取扱いに当たっては、次の事項に留意する必要がある。
(1) 言葉は、身近な人に親しみをもって接し、自分の感情や意志などを伝え、それに相手が応答し、その言葉を聞くことを通して次第に獲得されていくものであることを考慮して、幼児が教師や他の幼児と関わることにより心を動かされるような体験をし、言葉を交わす喜びを味わえるようにすること。
(2) 幼児が自分の思いを言葉で伝えるとともに、教師や他の幼児などの話を興味をもって注意して聞くことを通して次第に話を理解するようになっていき、言葉による伝え合いができるようにすること。
(3) 絵本や物語などで、その内容と自分の経験とを結び付けたり、想像を巡らせたりするなど、楽しみを十分に味わうことによって、次第に豊かなイメージをもち、言葉に対する感覚が養われるようにすること。
(4) 幼児が生活の中で、言葉の響きやリズム、新しい言葉や表現などに触れ、これらを使う楽しさを味わえるようにすること。その際、絵本や物語に親しんだり、言葉遊びなどをしたりすることを通して、言葉が豊かになるようにすること。
(5) 幼児が日常生活の中で、文字などを使いながら思ったことや考えたことを伝える喜びや楽しさを味わい、文字に対する興味や関心をもつようにすること。

表現
〔感じたことや考えたことを自分なりに表現することを通して、豊かな感性や表現する力を養い、創造性を豊かにする。〕

1 ねらい
(1) いろいろなものの美しさなどに対する豊かな感性をもつ。
(2) 感じたことや考えたことを自分なりに表現して楽しむ。
(3) 生活の中でイメージを豊かにし、様々な表現を楽しむ。

2 内容
(1) 生活の中で様々な音、形、色、手触り、動きなどに気付いたり、感じたりするなどして楽しむ。
(2) 生活の中で美しいものや心を動かす出来事に触れ、イメージを豊かにする。
(3) 様々な出来事の中で、感動したことを伝え合う楽しさを味わう。
(4) 感じたこと、考えたことなどを音や動きなどで表現したり、自由にかいたり、つくったりなどする。
(5) いろいろな素材に親しみ、工夫して遊ぶ。
(6) 音楽に親しみ、歌を歌ったり、簡単なリズム楽器を使ったりなどする楽しさを味わう。
(7) かいたり、つくったりすることを楽しみ、遊びに使ったり、飾ったりなどする。
(8) 自分のイメージを動きや言葉などで表現したり、演じて遊んだりするなどの楽しさを味わう。

3 内容の取扱い
上記の取扱いに当たっては、次の事項に留意する必要がある。
(1) 豊かな感性は、身近な環境と十分に関わる中で美しいもの、優れたもの、心を動かす出来事などに出会い、そこから得た感動を他の幼児や教師と共有し、様々に表現することなどを通して養われるようにすること。その際、風の音や雨の音、身近にある草や花の形や色など自然の中にある音、形、色などに気付くようにすること。
(2) 幼児の自己表現は素朴な形で行われることが多いので、教師はそのような表現を受容し、幼児自身の表現しようとする意欲を受け止めて、幼児が生活の中で幼児らしい様々な表現を楽しむことができるようにすること。
(3) 生活経験や発達に応じ、自ら様々な表現を楽しみ、表現する意欲を十分に発揮させることができるように、遊具や用具などを整えたり、様々な素材や表現の仕方に親しんだり、他の幼児の表現に触れられるよう配慮したりし、表現する過程を大切にして自己表現を楽しめるように工夫すること。

第3章 教育課程に係る教育時間の終了後等に行う教育活動などの留意事項

1 地域の実態や保護者の要請により、教育課程に係る教育時間の終了後等に希望する者を対象に行う教育活動については、幼児の心身の負担に配慮するものとする。また、次の点にも留意するものとする。
(1) 教育課程に基づく活動を考慮し、幼児期にふさわしい無理のないものとなるようにすること。その際、教育課程に基づく活動を担当する教師と緊密な連携を図るようにすること。
(2) 家庭や地域での幼児の生活も考慮し、教育課程に係る教育時間の終了後等に行う教育活動の計画を作成するようにすること。その際、地域の人々と連携するなど、地域の様々な資源を活用しつつ、多様な体験ができるようにすること。
(3) 家庭との緊密な連携を図るようにすること。その際、情報交換の機会を設けたりするなど、保護者が、幼稚園と共に幼児を育てるという意識が高まるようにすること。
(4) 地域の実態や保護者の事情とともに幼児の生活のリズムを踏まえつつ、例えば実施日数や時間などについて、弾力的な運用に配慮すること。
(5) 適切な責任体制と指導体制を整備した上で行うようにすること。
2 幼稚園の運営に当たっては、子育ての支援のために保護者や地域の人々に機能や施設を開放して、園内体制の整備や関係機関との連携及び協力に配慮しつつ、幼児期の教育に関する相談に応じたり、情報を提供

したり、幼児と保護者との登園を受け入れたり、保護者同士の交流の機会を提供したりするなど、幼稚園と家庭が一体となって幼児と関わる取組を進め、地域における幼児期の教育のセンターとしての役割を果たすよう努めるものとする。その際、心理や保健の専門家、地域の子育て経験者等と連携・協働しながら取り組むよう配慮するものとする。

■保育所保育指針（全文）
（平成29年告示）

第1章　総則

　この指針は、児童福祉施設の設備及び運営に関する基準（昭和23年厚生省令第63号。以下「設備運営基準」という。）第35条の規定に基づき、保育所における保育の内容に関する事項及びこれに関連する運営に関する事項を定めるものである。各保育所は、この指針において規定される保育の内容に係る基本原則に関する事項等を踏まえ、各保育所の実情に応じて創意工夫を図り、保育所の機能及び質の向上に努めなければならない。

1　保育所保育に関する基本原則
(1) 保育所の役割
　ア　保育所は、児童福祉法（昭和22年法律第164号）第39条の規定に基づき、保育を必要とする子どもの保育を行い、その健全な心身の発達を図ることを目的とする児童福祉施設であり、入所する子どもの最善の利益を考慮し、その福祉を積極的に増進することに最もふさわしい生活の場でなければならない。
　イ　保育所は、その目的を達成するために、保育に関する専門性を有する職員が、家庭との緊密な連携の下に、子どもの状況や発達過程を踏まえ、保育所における環境を通して、養護及び教育を一体的に行うことを特性としている。
　ウ　保育所は、入所する子どもを保育するとともに、家庭や地域の様々な社会資源との連携を図りながら、入所する子どもの保護者に対する支援及び地域の子育て家庭に対する支援等を行う役割を担うものである。
　エ　保育所における保育士は、児童福祉法第18条の4の規定を踏まえ、保育所の役割及び機能が適切に発揮されるように、倫理観に裏付けられた専門的知識、技術及び判断をもって、子どもを保育するとともに、子どもの保護者に対する保育に関する指導を行うものであり、その職責を遂行するための専門性の向上に絶えず努めなければならない。

(2) 保育の目標
　ア　保育所は、子どもが生涯にわたる人間形成にとって極めて重要な時期に、その生活時間の大半を過ごす場である。このため、保育所の保育は、子どもが現在を最も良く生き、望ましい未来をつくり出す力の基礎を培うために、次の目標を目指して行わなければならない。
　　(ｱ)　十分に養護の行き届いた環境の下に、くつろいだ雰囲気の中で子どもの様々な欲求を満たし、生命の保持及び情緒の安定を図ること。
　　(ｲ)　健康、安全など生活に必要な基本的な習慣や態度を養い、心身の健康の基礎を培うこと。
　　(ｳ)　人との関わりの中で、人に対する愛情と信頼感、そして人権を大切にする心を育てるとともに、自主、自立及び協調の態度を養い、道徳性の芽生えを培うこと。
　　(ｴ)　生命、自然及び社会の事象についての興味や関心を育て、それらに対する豊かな心情や思考力の芽生えを培うこと。
　　(ｵ)　生活の中で、言葉への興味や関心を育て、話したり、聞いたり、相手の話を理解しようとするなど、言葉の豊かさを養うこと。
　　(ｶ)　様々な体験を通して、豊かな感性や表現力を育み、創造性の芽生えを培うこと。
　イ　保育所は、入所する子どもの保護者に

対し、その意向を受け止め、子どもと保護者の安定した関係に配慮し、保育所の特性や保育士等の専門性を生かして、その援助に当たらなければならない。
(3) 保育の方法
保育の目標を達成するために、保育士等は、次の事項に留意して保育しなければならない。
ア 一人一人の子どもの状況や家庭及び地域社会での生活の実態を把握するとともに、子どもが安心感と信頼感をもって活動できるよう、子どもの主体としての思いや願いを受け止めること。
イ 子どもの生活のリズムを大切にし、健康、安全で情緒の安定した生活ができる環境や、自己を十分に発揮できる環境を整えること。
ウ 子どもの発達について理解し、一人一人の発達過程に応じて保育すること。その際、子どもの個人差に十分配慮すること。
エ 子ども相互の関係づくりやお互いに尊重する心を大切にし、集団における活動を効果あるものにするよう援助すること。
オ 子どもが自発的・意欲的に関われるような環境を構成し、子どもの主体的な活動や子ども相互の関わりを大切にすること。特に、乳幼児期にふさわしい体験が得られるように、生活や遊びを通して総合的に保育すること。
カ 一人一人の保護者の状況やその意向を理解、受容し、それぞれの親子関係や家庭生活等に配慮しながら、様々な機会をとらえ、適切に援助すること。
(4) 保育の環境
保育の環境には、保育士等や子どもなどの人的環境、施設や遊具などの物的環境、更には自然や社会の事象などがある。保育所は、こうした人、物、場などの環境が相互に関連し合い、子どもの生活が豊かなものとなるよう、次の事項に留意しつつ、計画的に環境を構成し、工夫して保育しなければならない。
ア 子ども自らが環境に関わり、自発的に活動し、様々な経験を積んでいくことができるよう配慮すること。
イ 子どもの活動が豊かに展開されるよう、保育所の設備や環境を整え、保育所の保健的環境や安全の確保などに努めること。
ウ 保育室は、温かな親しみとくつろぎの場となるとともに、生き生きと活動できる場となるように配慮すること。
エ 子どもが人と関わる力を育てていくため、子ども自らが周囲の子どもや大人と関わっていくことができる環境を整えること。
(5) 保育所の社会的責任
ア 保育所は、子どもの人権に十分配慮するとともに、子ども一人一人の人格を尊重して保育を行わなければならない。
イ 保育所は、地域社会との交流や連携を図り、保護者や地域社会に、当該保育所が行う保育の内容を適切に説明するよう努めなければならない。
ウ 保育所は、入所する子ども等の個人情報を適切に取り扱うとともに、保護者の苦情などに対し、その解決を図るよう努めなければならない。

2 養護に関する基本的事項
(1) 養護の理念
保育における養護とは、子どもの生命の保持及び情緒の安定を図るために保育士等が行う援助や関わりであり、保育所における保育は、養護及び教育を一体的に行うことをその特性とするものである。保育所における保育全体を通じて、養護に関するねらい及び内容を踏まえた保育が展開されなければならない。
(2) 養護に関わるねらい及び内容

ア　生命の保持
　(ｱ)　ねらい
　　① 一人一人の子どもが、快適に生活できるようにする。
　　② 一人一人の子どもが、健康で安全に過ごせるようにする。
　　③ 一人一人の子どもの生理的欲求が、十分に満たされるようにする。
　　④ 一人一人の子どもの健康増進が、積極的に図られるようにする。
　(ｲ)　内容
　　① 一人一人の子どもの平常の健康状態や発育及び発達状態を的確に把握し、異常を感じる場合は、速やかに適切に対応する。
　　② 家庭との連携を密にし、嘱託医等との連携を図りながら、子どもの疾病や事故防止に関する認識を深め、保健的で安全な保育環境の維持及び向上に努める。
　　③ 清潔で安全な環境を整え、適切な援助や応答的な関わりを通して子どもの生理的欲求を満たしていく。また、家庭と協力しながら、子どもの発達過程等に応じた適切な生活のリズムがつくられていくようにする。
　　④ 子どもの発達過程等に応じて、適度な運動と休息を取ることができるようにする。また、食事、排泄、衣類の着脱、身の回りを清潔にすることなどについて、子どもが意欲的に生活できるよう適切に援助する。

イ　情緒の安定
　(ｱ)　ねらい
　　① 一人一人の子どもが、安定感をもって過ごせるようにする。
　　② 一人一人の子どもが、自分の気持ちを安心して表すことができるようにする。
　　③ 一人一人の子どもが、周囲から主体として受け止められ、主体として育ち、自分を肯定する気持ちが育まれていくようにする。
　　④ 一人一人の子どもがくつろいで共に過ごし、心身の疲れが癒されるようにする。
　(ｲ)　内容
　　① 一人一人の子どもの置かれている状態や発達過程などを的確に把握し、子どもの欲求を適切に満たしながら、応答的な触れ合いや言葉がけを行う。
　　② 一人一人の子どもの気持ちを受容し、共感しながら、子どもとの継続的な信頼関係を築いていく。
　　③ 保育士等との信頼関係を基盤に、一人一人の子どもが主体的に活動し、自発性や探索意欲などを高めるとともに、自分への自信をもつことができるよう成長の過程を見守り、適切に働きかける。
　　④ 一人一人の子どもの生活のリズム、発達過程、保育時間などに応じて、活動内容のバランスや調和を図りながら、適切な食事や休息が取れるようにする。

3　保育の計画及び評価
(1)　全体的な計画の作成
　ア　保育所は、1の(2)に示した保育の目標を達成するために、各保育所の保育の方針や目標に基づき、子どもの発達過程を踏まえて、保育の内容が組織的・計画的に構成され、保育所の生活の全体を通して、総合的に展開されるよう、全体的な計画を作成しなければならない。
　イ　全体的な計画は、子どもや家庭の状況、地域の実態、保育時間などを考慮し、子どもの育ちに関する長期的見通しをもって適切に作成されなければならない。
　ウ　全体的な計画は、保育所保育の全体像

を包括的に示すものとし、これに基づく指導計画、保健計画、食育計画等を通じて、各保育所が創意工夫して保育できるよう、作成されなければならない。
(2) 指導計画の作成
　ア　保育所は、全体的な計画に基づき、具体的な保育が適切に展開されるよう、子どもの生活や発達を見通した長期的な指導計画と、それに関連しながら、より具体的な子どもの日々の生活に即した短期的な指導計画を作成しなければならない。
　イ　指導計画の作成に当たっては、第2章及びその他の関連する章に示された事項のほか、子ども一人一人の発達過程や状況を十分に踏まえるとともに、次の事項に留意しなければならない。
　　(ア)　3歳未満児については、一人一人の子どもの生育歴、心身の発達、活動の実態等に即して、個別的な計画を作成すること。
　　(イ)　3歳以上児については、個の成長と、子ども相互の関係や協同的な活動が促されるよう配慮すること。
　　(ウ)　異年齢で構成される組やグループでの保育においては、一人一人の子どもの生活や経験、発達過程などを把握し、適切な援助や環境構成ができるよう配慮すること。
　ウ　指導計画においては、保育所の生活における子どもの発達過程を見通し、生活の連続性、季節の変化などを考慮し、子どもの実態に即した具体的なねらい及び内容を設定すること。また、具体的なねらいが達成されるよう、子どもの生活する姿や発想を大切にして適切な環境を構成し、子どもが主体的に活動できるようにすること。
　エ　一日の生活のリズムや在園時間が異なる子どもが共に過ごすことを踏まえ、活動と休息、緊張感と解放感等の調和を図るよう配慮すること。
　オ　午睡は生活のリズムを構成する重要な要素であり、安心して眠ることのできる安全な睡眠環境を確保するとともに、在園時間が異なることや、睡眠時間は子どもの発達の状況や個人によって差があることから、一律とならないよう配慮すること。
　カ　長時間にわたる保育については、子どもの発達過程、生活のリズム及び心身の状態に十分配慮して、保育の内容や方法、職員の協力体制、家庭との連携などを指導計画に位置付けること。
　キ　障害のある子どもの保育については、一人一人の子どもの発達過程や障害の状態を把握し、適切な環境の下で、障害のある子どもが他の子どもとの生活を通して共に成長できるよう、指導計画の中に位置付けること。また、子どもの状況に応じた保育を実施する観点から、家庭や関係機関と連携した支援のための計画を個別に作成するなど適切な対応を図ること。
(3) 指導計画の展開
　指導計画に基づく保育の実施に当たっては、次の事項に留意しなければならない。
　ア　施設長、保育士など、全職員による適切な役割分担と協力体制を整えること。
　イ　子どもが行う具体的な活動は、生活の中で様々に変化することに留意して、子どもが望ましい方向に向かって自ら活動を展開できるよう必要な援助を行うこと。
　ウ　子どもの主体的な活動を促すためには、保育士等が多様な関わりをもつことが重要であることを踏まえ、子どもの情緒の安定や発達に必要な豊かな体験が得られるよう援助すること。
　エ　保育士等は、子どもの実態や子どもを取り巻く状況の変化などに即して保育の過程を記録するとともに、これらを踏ま

え、指導計画に基づく保育の内容の見直しを行い、改善を図ること。
(4) 保育内容等の評価
　ア　保育士等の自己評価
　　(ｱ) 保育士等は、保育の計画や保育の記録を通して、自らの保育実践を振り返り、自己評価することを通して、その専門性の向上や保育実践の改善に努めなければならない。
　　(ｲ) 保育士等による自己評価に当たっては、子どもの活動内容やその結果だけでなく、子どもの心の育ちや意欲、取り組む過程などにも十分配慮するよう留意すること。
　　(ｳ) 保育士等は、自己評価における自らの保育実践の振り返りや職員相互の話し合い等を通じて、専門性の向上及び保育の質の向上のための課題を明確にするとともに、保育所全体の保育の内容に関する認識を深めること。
　イ　保育所の自己評価
　　(ｱ) 保育所は、保育の質の向上を図るため、保育の計画の展開や保育士等の自己評価を踏まえ、当該保育所の保育の内容等について、自ら評価を行い、その結果を公表するよう努めなければならない。
　　(ｲ) 保育所が自己評価を行うに当たっては、地域の実情や保育所の実態に即して、適切に評価の観点や項目等を設定し、全職員による共通理解をもって取り組むよう留意すること。
　　(ｳ) 設備運営基準第36条の趣旨を踏まえ、保育の内容等の評価に関し、保護者及び地域住民等の意見を聴くことが望ましいこと。
(5) 評価を踏まえた計画の改善
　ア　保育所は、評価の結果を踏まえ、当該保育所の保育の内容等の改善を図ること。
　イ　保育の計画に基づく保育、保育の内容の評価及びこれに基づく改善という一連の取組により、保育の質の向上が図られるよう、全職員が共通理解をもって取り組むことに留意すること。

4　幼児教育を行う施設として共有すべき事項
(1) 育みたい資質・能力
　ア　保育所においては、生涯にわたる生きる力の基礎を培うため、1の(2)に示す保育の目標を踏まえ、次に掲げる資質・能力を一体的に育むよう努めるものとする。
　　(ｱ) 豊かな体験を通じて、感じたり、気付いたり、分かったり、できるようになったりする「知識及び技能の基礎」
　　(ｲ) 気付いたことや、できるようになったことなどを使い、考えたり、試したり、工夫したり、表現したりする「思考力、判断力、表現力等の基礎」
　　(ｳ) 心情、意欲、態度が育つ中で、よりよい生活を営もうとする「学びに向かう力、人間性等」
　イ　アに示す資質・能力は、第2章に示すねらい及び内容に基づく保育活動全体によって育むものである。
(2) 幼児期の終わりまでに育ってほしい姿
　次に示す「幼児期の終わりまでに育ってほしい姿」は、第2章に示すねらい及び内容に基づく保育活動全体を通して資質・能力が育まれている子どもの小学校就学時の具体的な姿であり、保育士等が指導を行う際に考慮するものである。
　ア　健康な心と体
　　保育所の生活の中で、充実感をもって自分のやりたいことに向かって心と体を十分に働かせ、見通しをもって行動し、自ら健康で安全な生活をつくり出すようになる。
　イ　自立心
　　身近な環境に主体的に関わり様々な活

動を楽しむ中で、しなければならないことを自覚し、自分の力で行うために考えたり、工夫したりしながら、諦めずにやり遂げることで達成感を味わい、自信をもって行動するようになる。

ウ　協同性
友達と関わる中で、互いの思いや考えなどを共有し、共通の目的の実現に向けて、考えたり、工夫したり、協力したりし、充実感をもってやり遂げるようになる。

エ　道徳性・規範意識の芽生え
友達と様々な体験を重ねる中で、してよいことや悪いことが分かり、自分の行動を振り返ったり、友達の気持ちに共感したりし、相手の立場に立って行動するようになる。また、きまりを守る必要性が分かり、自分の気持ちを調整し、友達と折り合いを付けながら、きまりをつくったり、守ったりするようになる。

オ　社会生活との関わり
家族を大切にしようとする気持ちをもつとともに、地域の身近な人と触れ合う中で、人との様々な関わり方に気付き、相手の気持ちを考えて関わり、自分が役に立つ喜びを感じ、地域に親しみをもつようになる。また、保育所内外の様々な環境に関わる中で、遊びや生活に必要な情報を取り入れ、情報に基づき判断したり、情報を伝え合ったり、活用したりするなど、情報を役立てながら活動するようになるとともに、公共の施設を大切に利用するなどして、社会とのつながりなどを意識するようになる。

カ　思考力の芽生え
身近な事象に積極的に関わる中で、物の性質や仕組みなどを感じ取ったり、気付いたりし、考えたり、予想したり、工夫したりするなど、多様な関わりを楽しむようになる。また、友達の様々な考えに触れる中で、自分と異なる考えがあることに気付き、自ら判断したり、考え直したりするなど、新しい考えを生み出す喜びを味わいながら、自分の考えをよりよいものにするようになる。

キ　自然との関わり・生命尊重
自然に触れて感動する体験を通して、自然の変化などを感じ取り、好奇心や探究心をもって考え言葉などで表現しながら、身近な事象への関心が高まるとともに、自然への愛情や畏敬の念をもつようになる。また、身近な動植物に心を動かされる中で、生命の不思議さや尊さに気付き、身近な動植物への接し方を考え、命あるものとしていたわり、大切にする気持ちをもって関わるようになる。

ク　数量や図形、標識や文字などへの関心・感覚
遊びや生活の中で、数量や図形、標識や文字などに親しむ体験を重ねたり、標識や文字の役割に気付いたりし、自らの必要感に基づきこれらを活用し、興味や関心、感覚をもつようになる。

ケ　言葉による伝え合い
保育士等や友達と心を通わせる中で、絵本や物語などに親しみながら、豊かな言葉や表現を身に付け、経験したことや考えたことなどを言葉で伝えたり、相手の話を注意して聞いたりし、言葉による伝え合いを楽しむようになる。

コ　豊かな感性と表現
心を動かす出来事などに触れ感性を働かせる中で、様々な素材の特徴や表現の仕方などに気付き、感じたことや考えたことを自分で表現したり、友達同士で表現する過程を楽しんだりし、表現する喜びを味わい、意欲をもつようになる。

第2章　保育の内容

この章に示す「ねらい」は、第1章の1の(2)に示された保育の目標をより具体化したものであり、子どもが保育所において、安定した生活を送り、充実した活動ができるように、保育を通じて育みたい資質・能力を、子どもの生活する姿から捉えたものである。また、「内容」は、「ねらい」を達成するために、子どもの生活やその状況に応じて保育士等が適切に行う事項と、保育士等が援助して子どもが環境に関わって経験する事項を示したものである。

保育における「養護」とは、子どもの生命の保持及び情緒の安定を図るために保育士等が行う援助や関わりであり、「教育」とは、子どもが健やかに成長し、その活動がより豊かに展開されるための発達の援助である。本章では、保育士等が、「ねらい」及び「内容」を具体的に把握するため、主に教育に関わる側面からの視点を示しているが、実際の保育においては、養護と教育が一体となって展開されることに留意する必要がある。

1　乳児保育に関わるねらい及び内容
(1)　基本的事項
　ア　乳児期の発達については、視覚、聴覚などの感覚や、座る、はう、歩くなどの運動機能が著しく発達し、特定の大人との応答的な関わりを通じて、情緒的な絆(きずな)が形成されるといった特徴がある。これらの発達の特徴を踏まえて、乳児保育は、愛情豊かに、応答的に行われることが特に必要である。
　イ　本項においては、この時期の発達の特徴を踏まえ、乳児保育の「ねらい」及び「内容」については、身体的発達に関する視点「健やかに伸び伸びと育つ」、社会的発達に関する視点「身近な人と気持ちが通じ合う」及び精神的発達に関する視点「身近なものと関わり感性が育つ」としてまとめ、示している。
　ウ　本項の各視点において示す保育の内容は、第1章の2に示された養護における「生命の保持」及び「情緒の安定」に関わる保育の内容と、一体となって展開されるものであることに留意が必要である。
(2)　ねらい及び内容
　ア　健やかに伸び伸びと育つ
　　健康な心と体を育て、自ら健康で安全な生活をつくり出す力の基盤を培う。
　　(ア)　ねらい
　　　①　身体感覚が育ち、快適な環境に心地よさを感じる。
　　　②　伸び伸びと体を動かし、はう、歩くなどの運動をしようとする。
　　　③　食事、睡眠等の生活のリズムの感覚が芽生える。
　　(イ)　内容
　　　①　保育士等の愛情豊かな受容の下で、生理的・心理的欲求を満たし、心地よく生活をする。
　　　②　一人一人の発育に応じて、はう、立つ、歩くなど、十分に体を動かす。
　　　③　個人差に応じて授乳を行い、離乳を進めていく中で、様々な食品に少しずつ慣れ、食べることを楽しむ。
　　　④　一人一人の生活のリズムに応じて、安全な環境の下で十分に午睡をする。
　　　⑤　おむつ交換や衣服の着脱などを通じて、清潔になることの心地よさを感じる。
　　(ウ)　内容の取扱い
　　　上記の取扱いに当たっては、次の事項に留意する必要がある。
　　　①　心と体の健康は、相互に密接な関連があるものであることを踏まえ、温かい触れ合いの中で、心と体の発達を促すこと。特に、寝返り、お座

り、はいはい、つかまり立ち、伝い歩きなど、発育に応じて、遊びの中で体を動かす機会を十分に確保し、自ら体を動かそうとする意欲が育つようにすること。
② 健康な心と体を育てるためには望ましい食習慣の形成が重要であることを踏まえ、離乳食が完了期へと徐々に移行する中で、様々な食品に慣れるようにするとともに、和やかな雰囲気の中で食べる喜びや楽しさを味わい、進んで食べようとする気持ちが育つようにすること。なお、食物アレルギーのある子どもへの対応については、嘱託医等の指示や協力の下に適切に対応すること。
イ 身近な人と気持ちが通じ合う
　受容的・応答的な関わりの下で、何かを伝えようとする意欲や身近な大人との信頼関係を育て、人と関わる力の基盤を培う。
　㋐ ねらい
　　① 安心できる関係の下で、身近な人と共に過ごす喜びを感じる。
　　② 体の動きや表情、発声等により、保育士等と気持ちを通わせようとする。
　　③ 身近な人と親しみ、関わりを深め、愛情や信頼感が芽生える。
　㋑ 内容
　　① 子どもからの働きかけを踏まえた、応答的な触れ合いや言葉がけによって、欲求が満たされ、安定感をもって過ごす。
　　② 体の動きや表情、発声、喃語等を優しく受け止めてもらい、保育士等とのやり取りを楽しむ。
　　③ 生活や遊びの中で、自分の身近な人の存在に気付き、親しみの気持ちを表す。

　　④ 保育士等による語りかけや歌いかけ、発声や喃語等への応答を通じて、言葉の理解や発語の意欲が育つ。
　　⑤ 温かく、受容的な関わりを通じて、自分を肯定する気持ちが芽生える。
　㋒ 内容の取扱い
　　上記の取扱いに当たっては、次の事項に留意する必要がある。
　　① 保育士等との信頼関係に支えられて生活を確立していくことが人と関わる基盤となることを考慮して、子どもの多様な感情を受け止め、温かく受容的・応答的に関わり、一人一人に応じた適切な援助を行うようにすること。
　　② 身近な人に親しみをもって接し、自分の感情などを表し、それに相手が応答する言葉を聞くことを通して、次第に言葉が獲得されていくことを考慮して、楽しい雰囲気の中での保育士等との関わり合いを大切にし、ゆっくりと優しく話しかけるなど、積極的に言葉のやり取りを楽しむことができるようにすること。
ウ 身近なものと関わり感性が育つ
　身近な環境に興味や好奇心をもって関わり、感じたことや考えたことを表現する力の基盤を培う。
　㋐ ねらい
　　① 身の回りのものに親しみ、様々なものに興味や関心をもつ。
　　② 見る、触れる、探索するなど、身近な環境に自分から関わろうとする。
　　③ 身体の諸感覚による認識が豊かになり、表情や手足、体の動き等で表現する。
　㋑ 内容
　　① 身近な生活用具、玩具や絵本などが用意された中で、身の回りのものに対する興味や好奇心をもつ。

②　生活や遊びの中で様々なものに触れ、音、形、色、手触りなどに気付き、感覚の働きを豊かにする。
　　③　保育士等と一緒に様々な色彩や形のものや絵本などを見る。
　　④　玩具や身の回りのものを、つまむ、つかむ、たたく、引っ張るなど、手や指を使って遊ぶ。
　　⑤　保育士等のあやし遊びに機嫌よく応じたり、歌やリズムに合わせて手足や体を動かして楽しんだりする。
　(ウ)　内容の取扱い
　　　上記の取扱いに当たっては、次の事項に留意する必要がある。
　　①　玩具などは、音質、形、色、大きさなど子どもの発達状態に応じて適切なものを選び、その時々の子どもの興味や関心を踏まえるなど、遊びを通して感覚の発達が促されるものとなるように工夫すること。なお、安全な環境の下で、子どもが探索意欲を満たして自由に遊べるよう、身の回りのものについては、常に十分な点検を行うこと。
　　②　乳児期においては、表情、発声、体の動きなどで、感情を表現することが多いことから、これらの表現しようとする意欲を積極的に受け止めて、子どもが様々な活動を楽しむことを通して表現が豊かになるようにすること。
(3)　保育の実施に関わる配慮事項
　ア　乳児は疾病への抵抗力が弱く、心身の機能の未熟さに伴う疾病の発生が多いことから、一人一人の発育及び発達状態や健康状態についての適切な判断に基づく保健的な対応を行うこと。
　イ　一人一人の子どもの生育歴の違いに留意しつつ、欲求を適切に満たし、特定の保育士が応答的に関わるように努めること。
　ウ　乳児保育に関わる職員間の連携や嘱託医との連携を図り、第3章に示す事項を踏まえ、適切に対応すること。栄養士及び看護師等が配置されている場合は、その専門性を生かした対応を図ること。
　エ　保護者との信頼関係を築きながら保育を進めるとともに、保護者からの相談に応じ、保護者への支援に努めていくこと。
　オ　担当の保育士が替わる場合には、子どものそれまでの生育歴や発達過程に留意し、職員間で協力して対応すること。

2　1歳以上3歳未満児の保育に関わるねらい及び内容
(1)　基本的事項
　ア　この時期においては、歩き始めから、歩く、走る、跳ぶなどへと、基本的な運動機能が次第に発達し、排泄の自立のための身体的機能も整うようになる。つまむ、めくるなどの指先の機能も発達し、食事、衣類の着脱なども、保育士等の援助の下で自分で行うようになる。発声も明瞭になり、語彙も増加し、自分の意思や欲求を言葉で表出できるようになる。このように自分でできることが増えてくる時期であることから、保育士等は、子どもの生活の安定を図りながら、自分でしようとする気持ちを尊重し、温かく見守るとともに、愛情豊かに、応答的に関わることが必要である。
　イ　本項においては、この時期の発達の特徴を踏まえ、保育の「ねらい」及び「内容」について、心身の健康に関する領域「健康」、人との関わりに関する領域「人間関係」、身近な環境との関わりに関する領域「環境」、言葉の獲得に関する領域「言葉」及び感性と表現に関する領域「表現」としてまとめ、示している。
　ウ　本項の各領域において示す保育の内容は、第1章の2に示された養護における「生命の保持」及び「情緒の安定」に関

わる保育の内容と、一体となって展開されるものであることに留意が必要である。
(2) ねらい及び内容
ア 健康
健康な心と体を育て、自ら健康で安全な生活をつくり出す力を養う。
(ア) ねらい
① 明るく伸び伸びと生活し、自分から体を動かすことを楽しむ。
② 自分の体を十分に動かし、様々な動きをしようとする。
③ 健康、安全な生活に必要な習慣に気付き、自分でしてみようとする気持ちが育つ。
(イ) 内容
① 保育士等の愛情豊かな受容の下で、安定感をもって生活をする。
② 食事や午睡、遊びと休息など、保育所における生活のリズムが形成される。
③ 走る、跳ぶ、登る、押す、引っ張るなど全身を使う遊びを楽しむ。
④ 様々な食品や調理形態に慣れ、ゆったりとした雰囲気の中で食事や間食を楽しむ。
⑤ 身の回りを清潔に保つ心地よさを感じ、その習慣が少しずつ身に付く。
⑥ 保育士等の助けを借りながら、衣類の着脱を自分でしようとする。
⑦ 便器での排泄に慣れ、自分で排泄ができるようになる。
(ウ) 内容の取扱い
上記の取扱いに当たっては、次の事項に留意する必要がある。
① 心と体の健康は、相互に密接な関連があるものであることを踏まえ、子どもの気持ちに配慮した温かい触れ合いの中で、心と体の発達を促すこと。特に、一人一人の発育に応じて、体を動かす機会を十分に確保し、自ら体を動かそうとする意欲が育つようにすること。
② 健康な心と体を育てるためには望ましい食習慣の形成が重要であることを踏まえ、ゆったりとした雰囲気の中で食べる喜びや楽しさを味わい、進んで食べようとする気持ちが育つようにすること。なお、食物アレルギーのある子どもへの対応については、嘱託医等の指示や協力の下に適切に対応すること。
③ 排泄の習慣については、一人一人の排尿間隔等を踏まえ、おむつが汚れていないときに便器に座らせるなどにより、少しずつ慣れさせるようにすること。
④ 食事、排泄、睡眠、衣類の着脱、身の回りを清潔にすることなど、生活に必要な基本的な習慣については、一人一人の状態に応じ、落ち着いた雰囲気の中で行うようにし、子どもが自分でしようとする気持ちを尊重すること。また、基本的な生活習慣の形成に当たっては、家庭での生活経験に配慮し、家庭との適切な連携の下で行うようにすること。
イ 人間関係
他の人々と親しみ、支え合って生活するために、自立心を育て、人と関わる力を養う。
(ア) ねらい
① 保育所での生活を楽しみ、身近な人と関わる心地よさを感じる。
② 周囲の子ども等への興味や関心が高まり、関わりをもとうとする。
③ 保育所の生活の仕方に慣れ、きまりの大切さに気付く。
(イ) 内容
① 保育士等や周囲の子ども等との安定した関係の中で、共に過ごす心地

よさを感じる。
② 保育士等の受容的・応答的な関わりの中で、欲求を適切に満たし、安定感をもって過ごす。
③ 身の回りに様々な人がいることに気付き、徐々に他の子どもと関わりをもって遊ぶ。
④ 保育士等の仲立ちにより、他の子どもとの関わり方を少しずつ身につける。
⑤ 保育所の生活の仕方に慣れ、きまりがあることや、その大切さに気付く。
⑥ 生活や遊びの中で、年長児や保育士等の真似をしたり、ごっこ遊びを楽しんだりする。

(ウ) 内容の取扱い
　上記の取扱いに当たっては、次の事項に留意する必要がある。
① 保育士等との信頼関係に支えられて生活を確立するとともに、自分で何かをしようとする気持ちが旺盛になる時期であることに鑑み、そのような子どもの気持ちを尊重し、温かく見守るとともに、愛情豊かに、応答的に関わり、適切な援助を行うようにすること。
② 思い通りにいかない場合等の子どもの不安定な感情の表出については、保育士等が受容的に受け止めるとともに、そうした気持ちから立ち直る経験や感情をコントロールすることへの気付き等につなげていけるように援助すること。
③ この時期は自己と他者との違いの認識がまだ十分ではないことから、子どもの自我の育ちを見守るとともに、保育士等が仲立ちとなって、自分の気持ちを相手に伝えることや相手の気持ちに気付くことの大切なと、友達の気持ちや友達との関わり方を丁寧に伝えていくこと。

ウ　環境
　周囲の様々な環境に好奇心や探究心をもって関わり、それらを生活に取り入れていこうとする力を養う。

(ア) ねらい
① 身近な環境に親しみ、触れ合う中で、様々なものに興味や関心をもつ。
② 様々なものに関わる中で、発見を楽しんだり、考えたりしようとする。
③ 見る、聞く、触るなどの経験を通して、感覚の働きを豊かにする。

(イ) 内容
① 安全で活動しやすい環境での探索活動等を通して、見る、聞く、触れる、嗅ぐ、味わうなどの感覚の働きを豊かにする。
② 玩具、絵本、遊具などに興味をもち、それらを使った遊びを楽しむ。
③ 身の回りの物に触れる中で、形、色、大きさ、量などの物の性質や仕組みに気付く。
④ 自分の物と人の物の区別や、場所的感覚など、環境を捉える感覚が育つ。
⑤ 身近な生き物に気付き、親しみをもつ。
⑥ 近隣の生活や季節の行事などに興味や関心をもつ。

(ウ) 内容の取扱い
　上記の取扱いに当たっては、次の事項に留意する必要がある。
① 玩具などは、音質、形、色、大きさなど子どもの発達状態に応じて適切なものを選び、遊びを通して感覚の発達が促されるように工夫すること。
② 身近な生き物との関わりについては、子どもが命を感じ、生命の尊

　　　　に気付く経験へとつながるものであることから、そうした気付きを促すような関わりとなるようにすること。
　　③　地域の生活や季節の行事などに触れる際には、社会とのつながりや地域社会の文化への気付きにつながるものとなることが望ましいこと。その際、保育所内外の行事や地域の人々との触れ合いなどを通して行うこと等も考慮すること。
　エ　言葉
　　経験したことや考えたことなどを自分なりの言葉で表現し、相手の話す言葉を聞こうとする意欲や態度を育て、言葉に対する感覚や言葉で表現する力を養う。
　　(ｱ)　ねらい
　　①　言葉遊びや言葉で表現する楽しさを感じる。
　　②　人の言葉や話などを聞き、自分でも思ったことを伝えようとする。
　　③　絵本や物語等に親しむとともに、言葉のやり取りを通じて身近な人と気持ちを通わせる。
　　(ｲ)　内容
　　①　保育士等の応答的な関わりや話しかけにより、自ら言葉を使おうとする。
　　②　生活に必要な簡単な言葉に気付き、聞き分ける。
　　③　親しみをもって日常の挨拶に応じる。
　　④　絵本や紙芝居を楽しみ、簡単な言葉を繰り返したり、模倣をしたりして遊ぶ。
　　⑤　保育士等とごっこ遊びをする中で、言葉のやり取りを楽しむ。
　　⑥　保育士等を仲立ちとして、生活や遊びの中で友達との言葉のやり取りを楽しむ。
　　⑦　保育士等や友達の言葉や話に興味や関心をもって、聞いたり、話したりする。
　　(ｳ)　内容の取扱い
　　　上記の取扱いに当たっては、次の事項に留意する必要がある。
　　①　身近な人に親しみをもって接し、自分の感情などを伝え、それに相手が応答し、その言葉を聞くことを通して、次第に言葉が獲得されていくものであることを考慮して、楽しい雰囲気の中で保育士等との言葉のやり取りができるようにすること。
　　②　子どもが自分の思いを言葉で伝えるとともに、他の子どもの話などを聞くことを通して、次第に話を理解し、言葉による伝え合いができるようになるよう、気持ちや経験等の言語化を行うことを援助するなど、子ども同士の関わりの仲立ちを行うようにすること。
　　③　この時期は、片言から、二語文、ごっこ遊びでのやり取りができる程度へと、大きく言葉の習得が進む時期であることから、それぞれの子どもの発達の状況に応じて、遊びや関わりの工夫など、保育の内容を適切に展開することが必要であること。
　オ　表現
　　感じたことや考えたことを自分なりに表現することを通して、豊かな感性や表現する力を養い、創造性を豊かにする。
　　(ｱ)　ねらい
　　①　身体の諸感覚の経験を豊かにし、様々な感覚を味わう。
　　②　感じたことや考えたことなどを自分なりに表現しようとする。
　　③　生活や遊びの様々な体験を通して、イメージや感性が豊かになる。
　　(ｲ)　内容
　　①　水、砂、土、紙、粘土など様々な

素材に触れて楽しむ。
② 音楽、リズムやそれに合わせた体の動きを楽しむ。
③ 生活の中で様々な音、形、色、手触り、動き、味、香りなどに気付いたり、感じたりして楽しむ。
④ 歌を歌ったり、簡単な手遊びや全身を使う遊びを楽しんだりする。
⑤ 保育士等からの話や、生活や遊びの中での出来事を通して、イメージを豊かにする。
⑥ 生活や遊びの中で、興味のあることや経験したことなどを自分なりに表現する。

(ウ) 内容の取扱い

上記の取扱いに当たっては、次の事項に留意する必要がある。

① 子どもの表現は、遊びや生活の様々な場面で表出されているものであることから、それらを積極的に受け止め、様々な表現の仕方や感性を豊かにする経験となるようにすること。
② 子どもが試行錯誤しながら様々な表現を楽しむことや、自分の力でやり遂げる充実感などに気付くよう、温かく見守るとともに、適切に援助を行うようにすること。
③ 様々な感情の表現等を通じて、子どもが自分の感情や気持ちに気付くようになる時期であることに鑑み、受容的な関わりの中で自信をもって表現することや、諦めずに続けた後の達成感等を感じられるような経験が蓄積されるようにすること。
④ 身近な自然や身の回りの事物に関わる中で、発見や心が動く経験が得られるよう、諸感覚を働かせることを楽しむ遊びや素材を用意するなど保育の環境を整えること。

(3) 保育の実施に関わる配慮事項

ア 特に感染症にかかりやすい時期であるので、体の状態、機嫌、食欲などの日常の状態の観察を十分に行うとともに、適切な判断に基づく保健的な対応を心がけること。
イ 探索活動が十分できるように、事故防止に努めながら活動しやすい環境を整え、全身を使う遊びなど様々な遊びを取り入れること。
ウ 自我が形成され、子どもが自分の感情や気持ちに気付くようになる重要な時期であることに鑑み、情緒の安定を図りながら、子どもの自発的な活動を尊重するとともに促していくこと。
エ 担当の保育士が替わる場合には、子どものそれまでの経験や発達過程に留意し、職員間で協力して対応すること。

3 3歳以上児の保育に関するねらい及び内容

(1) 基本的事項

ア この時期においては、運動機能の発達により、基本的な動作が一通りできるようになるとともに、基本的な生活習慣もほぼ自立できるようになる。理解する語彙数が急激に増加し、知的興味や関心も高まってくる。仲間と遊び、仲間の中の一人という自覚が生じ、集団的な遊びや協同的な活動も見られるようになる。これらの発達の特徴を踏まえて、この時期の保育においては、個の成長と集団としての活動の充実が図られるようにしなければならない。
イ 本項においては、この時期の発達の特徴を踏まえ、保育の「ねらい」及び「内容」について、心身の健康に関する領域「健康」、人との関わりに関する領域「人間関係」、身近な環境との関わりに関する領域「環境」、言葉の獲得に関する領域

「言葉」及び感性と表現に関する領域「表現」としてまとめ、示している。
ウ　本項の各領域において示す保育の内容は、第1章の2に示された養護における「生命の保持」及び「情緒の安定」に関わる保育の内容と、一体となって展開されるものであることに留意が必要である。
(2) ねらい及び内容
ア　健康
　健康な心と体を育て、自ら健康で安全な生活をつくり出す力を養う。
(ｱ) ねらい
① 明るく伸び伸びと行動し、充実感を味わう。
② 自分の体を十分に動かし、進んで運動しようとする。
③ 健康、安全な生活に必要な習慣や態度を身に付け、見通しをもって行動する。
(ｲ) 内容
① 保育士等や友達と触れ合い、安定感をもって行動する。
② いろいろな遊びの中で十分に体を動かす。
③ 進んで戸外で遊ぶ。
④ 様々な活動に親しみ、楽しんで取り組む。
⑤ 保育士等や友達と食べることを楽しみ、食べ物への興味や関心をもつ。
⑥ 健康な生活のリズムを身に付ける。
⑦ 身の回りを清潔にし、衣服の着脱、食事、排泄などの生活に必要な活動を自分でする。
⑧ 保育所における生活の仕方を知り、自分たちで生活の場を整えながら見通しをもって行動する。
⑨ 自分の健康に関心をもち、病気の予防などに必要な活動を進んで行う。
⑩ 危険な場所、危険な遊び方、災害時などの行動の仕方が分かり、安全に気を付けて行動する。
(ｳ) 内容の取扱い
　上記の取扱いに当たっては、次の事項に留意する必要がある。
① 心と体の健康は、相互に密接な関連があるものであることを踏まえ、子どもが保育士等や他の子どもとの温かい触れ合いの中で自己の存在感や充実感を味わうことなどを基盤として、しなやかな心と体の発達を促すこと。特に、十分に体を動かす気持ちよさを体験し、自ら体を動かそうとする意欲が育つようにすること。
② 様々な遊びの中で、子どもが興味や関心、能力に応じて全身を使って活動することにより、体を動かす楽しさを味わい、自分の体を大切にしようとする気持ちが育つようにすること。その際、多様な動きを経験する中で、体の動きを調整するようにすること。
③ 自然の中で伸び伸びと体を動かして遊ぶことにより、体の諸機能の発達が促されることに留意し、子どもの興味や関心が戸外にも向くようにすること。その際、子どもの動線に配慮した園庭や遊具の配置などを工夫すること。
④ 健康な心と体を育てるためには食育を通じた望ましい食習慣の形成が大切であることを踏まえ、子どもの食生活の実情に配慮し、和やかな雰囲気の中で保育士等や他の子どもと食べる喜びや楽しさを味わったり、様々な食べ物への興味や関心をもったりするなどし、食の大切さに気付き、進んで食べようとする気持ちが育つようにすること。
⑤ 基本的な生活習慣の形成に当たっては、家庭での生活経験に配慮し、

子どもの自立心を育て、子どもが他の子どもと関わりながら主体的な活動を展開する中で、生活に必要な習慣を身に付け、次第に見通しをもって行動できるようにすること。
⑥ 安全に関する指導に当たっては、情緒の安定を図り、遊びを通して安全についての構えを身に付け、危険な場所や事物などが分かり、安全についての理解を深めるようにすること。また、交通安全の習慣を身に付けるようにするとともに、避難訓練などを通して、災害などの緊急時に適切な行動がとれるようにすること。

イ 人間関係
他の人々と親しみ、支え合って生活するために、自立心を育て、人と関わる力を養う。

(ア) ねらい
① 保育所の生活を楽しみ、自分の力で行動することの充実感を味わう。
② 身近な人と親しみ、関わりを深め、工夫したり、協力したりして一緒に活動する楽しさを味わい、愛情や信頼感をもつ。
③ 社会生活における望ましい習慣や態度を身に付ける。

(イ) 内容
① 保育士等や友達と共に過ごすことの喜びを味わう。
② 自分で考え、自分で行動する。
③ 自分でできることは自分でする。
④ いろいろな遊びを楽しみながら物事をやり遂げようとする気持ちをもつ。
⑤ 友達と積極的に関わりながら喜びや悲しみを共感し合う。
⑥ 自分の思ったことを相手に伝え、相手の思っていることに気付く。
⑦ 友達のよさに気付き、一緒に活動する楽しさを味わう。
⑧ 友達と楽しく活動する中で、共通の目的を見いだし、工夫したり、協力したりなどする。
⑨ よいことや悪いことがあることに気付き、考えながら行動する。
⑩ 友達との関わりを深め、思いやりをもつ。
⑪ 友達と楽しく生活する中できまりの大切さに気付き、守ろうとする。
⑫ 共同の遊具や用具を大切にし、皆で使う。
⑬ 高齢者をはじめ地域の人々などの自分の生活に関係の深いいろいろな人に親しみをもつ。

(ウ) 内容の取扱い
上記の取扱いに当たっては、次の事項に留意する必要がある。
① 保育士等との信頼関係に支えられて自分自身の生活を確立していくことが人と関わる基盤となることを考慮し、子どもが自ら周囲に働き掛けることにより多様な感情を体験し、試行錯誤しながら諦めずにやり遂げることの達成感や、前向きな見通しをもって自分の力で行うことの充実感を味わうことができるよう、子どもの行動を見守りながら適切な援助を行うようにすること。
② 一人一人を生かした集団を形成しながら人と関わる力を育てていくようにすること。その際、集団の生活の中で、子どもが自己を発揮し、保育士等や他の子どもに認められる体験をし、自分のよさや特徴に気付き、自信をもって行動できるようにすること。
③ 子どもが互いに関わりを深め、協同して遊ぶようになるため、自ら行動する力を育てるとともに、他の子

どもと試行錯誤しながら活動を展開する楽しさや共通の目的が実現する喜びを味わうことができるようにすること。
　④　道徳性の芽生えを培うに当たっては、基本的な生活習慣の形成を図るとともに、子どもが他の子どもとの関わりの中で他人の存在に気付き、相手を尊重する気持ちをもって行動できるようにし、また、自然や身近な動植物に親しむことなどを通して豊かな心情が育つようにすること。特に、人に対する信頼感や思いやりの気持ちは、葛藤やつまずきをも体験し、それらを乗り越えることにより次第に芽生えてくることに配慮すること。
　⑤　集団の生活を通して、子どもが人との関わりを深め、規範意識の芽生えが培われることを考慮し、子どもが保育士等との信頼関係に支えられて自己を発揮する中で、互いに思いを主張し、折り合いを付ける体験をし、きまりの必要性などに気付き、自分の気持ちを調整する力が育つようにすること。
　⑥　高齢者をはじめ地域の人々などの自分の生活に関係の深いいろいろな人と触れ合い、自分の感情や意志を表現しながら共に楽しみ、共感し合う体験を通して、これらの人々などに親しみをもち、人と関わることの楽しさや人の役に立つ喜びを味わうことができるようにすること。また、生活を通して親や祖父母などの家族の愛情に気付き、家族を大切にしようとする気持ちが育つようにすること。
ウ　環境
　　周囲の様々な環境に好奇心や探究心をもって関わり、それらを生活に取り入れていこうとする力を養う。
　(ア)　ねらい
　　①　身近な環境に親しみ、自然と触れ合う中で様々な事象に興味や関心をもつ。
　　②　身近な環境に自分から関わり、発見を楽しんだり、考えたりし、それを生活に取り入れようとする。
　　③　身近な事象を見たり、考えたり、扱ったりする中で、物の性質や数量、文字などに対する感覚を豊かにする。
　(イ)　内容
　　①　自然に触れて生活し、その大きさ、美しさ、不思議さなどに気付く。
　　②　生活の中で、様々な物に触れ、その性質や仕組みに興味や関心をもつ。
　　③　季節により自然や人間の生活に変化のあることに気付く。
　　④　自然などの身近な事象に関心をもち、取り入れて遊ぶ。
　　⑤　身近な動植物に親しみをもって接し、生命の尊さに気付き、いたわったり、大切にしたりする。
　　⑥　日常生活の中で、我が国や地域社会における様々な文化や伝統に親しむ。
　　⑦　身近な物を大切にする。
　　⑧　身近な物や遊具に興味をもって関わり、自分なりに比べたり、関連付けたりしながら考えたり、試したりして工夫して遊ぶ。
　　⑨　日常生活の中で数量や図形などに関心をもつ。
　　⑩　日常生活の中で簡単な標識や文字などに関心をもつ。
　　⑪　生活に関係の深い情報や施設などに興味や関心をもつ。
　　⑫　保育所内外の行事において国旗に親しむ。

(ウ) 内容の取扱い
　上記の取扱いに当たっては、次の事項に留意する必要がある。
① 子どもが、遊びの中で周囲の環境と関わり、次第に周囲の世界に好奇心を抱き、その意味や操作の仕方に関心をもち、物事の法則性に気付き、自分なりに考えることができるようになる過程を大切にすること。また、他の子どもの考えなどに触れて新しい考えを生み出す喜びや楽しさを味わい、自分の考えをよりよいものにしようとする気持ちが育つようにすること。
② 幼児期において自然のもつ意味は大きく、自然の大きさ、美しさ、不思議さなどに直接触れる体験を通して、子どもの心が安らぎ、豊かな感情、好奇心、思考力、表現力の基礎が培われることを踏まえ、子どもが自然との関わりを深めることができるよう工夫すること。
③ 身近な事象や動植物に対する感動を伝え合い、共感し合うことなどを通して自分から関わろうとする意欲を育てるとともに、様々な関わり方を通してそれらに対する親しみや畏敬の念、生命を大切にする気持ち、公共心、探究心などが養われるようにすること。
④ 文化や伝統に親しむ際には、正月や節句など我が国の伝統的な行事、国歌、唱歌、わらべうたや我が国の伝統的な遊びに親しんだり、異なる文化に触れる活動に親しんだりすることを通じて、社会とのつながりの意識や国際理解の意識の芽生えなどが養われるようにすること。
⑤ 数量や文字などに関しては、日常生活の中で子ども自身の必要感に基づく体験を大切にし、数量や文字などに関する興味や関心、感覚が養われるようにすること。

エ　言葉
　経験したことや考えたことなどを自分なりの言葉で表現し、相手の話す言葉を聞こうとする意欲や態度を育て、言葉に対する感覚や言葉で表現する力を養う。
(ア) ねらい
① 自分の気持ちを言葉で表現する楽しさを味わう。
② 人の言葉や話などをよく聞き、自分の経験したことや考えたことを話し、伝え合う喜びを味わう。
③ 日常生活に必要な言葉が分かるようになるとともに、絵本や物語などに親しみ、言葉に対する感覚を豊かにし、保育士等や友達と心を通わせる。
(イ) 内容
① 保育士等や友達の言葉や話に興味や関心をもち、親しみをもって聞いたり、話したりする。
② したり、見たり、聞いたり、感じたり、考えたりなどしたことを自分なりに言葉で表現する。
③ したいこと、してほしいことを言葉で表現したり、分からないことを尋ねたりする。
④ 人の話を注意して聞き、相手に分かるように話す。
⑤ 生活の中で必要な言葉が分かり、使う。
⑥ 親しみをもって日常の挨拶をする。
⑦ 生活の中で言葉の楽しさや美しさに気付く。
⑧ いろいろな体験を通じてイメージや言葉を豊かにする。
⑨ 絵本や物語などに親しみ、興味をもって聞き、想像をする楽しさを味

わう。
⑩ 日常生活の中で、文字などで伝える楽しさを味わう。
(ｳ) 内容の取扱い
　上記の取扱いに当たっては、次の事項に留意する必要がある。
① 言葉は、身近な人に親しみをもって接し、自分の感情や意志などを伝え、それに相手が応答し、その言葉を聞くことを通して次第に獲得されていくものであることを考慮して、子どもが保育士等や他の子どもと関わることにより心を動かされるような体験をし、言葉を交わす喜びを味わえるようにすること。
② 子どもが自分の思いを言葉で伝えるとともに、保育士等や他の子どもなどの話を興味をもって注意して聞くことを通して次第に話を理解するようになっていき、言葉による伝え合いができるようにすること。
③ 絵本や物語などで、その内容と自分の経験とを結び付けたり、想像を巡らせたりするなど、楽しみを十分に味わうことによって、次第に豊かなイメージをもち、言葉に対する感覚が養われるようにすること。
④ 子どもが生活の中で、言葉の響きやリズム、新しい言葉や表現などに触れ、これらを使う楽しさを味わえるようにすること。その際、絵本や物語に親しんだり、言葉遊びなどをしたりすることを通して、言葉が豊かになるようにすること。
⑤ 子どもが日常生活の中で、文字などを使いながら思ったことや考えたことを伝える喜びや楽しさを味わい、文字に対する興味や関心をもつようにすること。
オ　表現
　感じたことや考えたことを自分なりに表現することを通して、豊かな感性や表現する力を養い、創造性を豊かにする。
(ｱ) ねらい
① いろいろなものの美しさなどに対する豊かな感性をもつ。
② 感じたことや考えたことを自分なりに表現して楽しむ。
③ 生活の中でイメージを豊かにし、様々な表現を楽しむ。
(ｲ) 内容
① 生活の中で様々な音、形、色、手触り、動きなどに気付いたり、感じたりするなどして楽しむ。
② 生活の中で美しいものや心を動かす出来事に触れ、イメージを豊かにする。
③ 様々な出来事の中で、感動したことを伝え合う楽しさを味わう。
④ 感じたこと、考えたことなどを音や動きなどで表現したり、自由にかいたり、つくったりなどする。
⑤ いろいろな素材に親しみ、工夫して遊ぶ。
⑥ 音楽に親しみ、歌を歌ったり、簡単なリズム楽器を使ったりなどする楽しさを味わう。
⑦ かいたり、つくったりすることを楽しみ、遊びに使ったり、飾ったりなどする。
⑧ 自分のイメージを動きや言葉などで表現したり、演じて遊んだりするなどの楽しさを味わう。
(ｳ) 内容の取扱い
　上記の取扱いに当たっては、次の事項に留意する必要がある。
① 豊かな感性は、身近な環境と十分に関わる中で美しいもの、優れたもの、心を動かす出来事などに出会い、そこから得た感動を他の子どもや保

育士等と共有し、様々に表現することなどを通して養われるようにすること。その際、風の音や雨の音、身近にある草や花の形や色など自然の中にある音、形、色などに気付くようにすること。
② 子どもの自己表現は素朴な形で行われることが多いので、保育士等はそのような表現を受容し、子ども自身の表現しようとする意欲を受け止めて、子どもが生活の中で子どもらしい様々な表現を楽しむことができるようにすること。
③ 生活経験や発達に応じ、自ら様々な表現を楽しみ、表現する意欲を十分に発揮させることができるように、遊具や用具などを整えたり、様々な素材や表現の仕方に親しんだり、他の子どもの表現に触れられるよう配慮したりし、表現する過程を大切にして自己表現を楽しめるように工夫すること。

(3) 保育の実施に関わる配慮事項
ア 第1章の4の(2)に示す「幼児期の終わりまでに育ってほしい姿」が、ねらい及び内容に基づく活動全体を通して資質・能力が育まれている子どもの小学校就学時の具体的な姿であることを踏まえ、指導を行う際には適宜考慮すること。
イ 子どもの発達や成長の援助をねらいとした活動の時間については、意識的に保育の計画等において位置付けて、実施することが重要であること。なお、そのような活動の時間については、保護者の就労状況等に応じて子どもが保育所で過ごす時間がそれぞれ異なることに留意して設定すること。
ウ 特に必要な場合には、各領域に示すねらいの趣旨に基づいて、具体的な内容を工夫し、それを加えても差し支えないが、その場合には、それが第1章の1に示す保育所保育に関する基本原則を逸脱しないよう慎重に配慮する必要があること。

4 保育の実施に関して留意すべき事項
(1) 保育全般に関わる配慮事項
ア 子どもの心身の発達及び活動の実態などの個人差を踏まえるとともに、一人一人の子どもの気持ちを受け止め、援助すること。
イ 子どもの健康は、生理的・身体的な育ちとともに、自主性や社会性、豊かな感性の育ちとがあいまってもたらされることに留意すること。
ウ 子どもが自ら周囲に働きかけ、試行錯誤しつつ自分の力で行う活動を見守りながら、適切に援助すること。
エ 子どもの入所時の保育に当たっては、できるだけ個別的に対応し、子どもが安定感を得て、次第に保育所の生活になじんでいくようにするとともに、既に入所している子どもに不安や動揺を与えないようにすること。
オ 子どもの国籍や文化の違いを認め、互いに尊重する心を育てるようにすること。
カ 子どもの性差や個人差にも留意しつつ、性別などによる固定的な意識を植え付けることがないようにすること。

(2) 小学校との連携
ア 保育所においては、保育所保育が、小学校以降の生活や学習の基盤の育成につながることに配慮し、幼児期にふさわしい生活を通じて、創造的な思考や主体的な生活態度などの基礎を培うようにすること。
イ 保育所保育において育まれた資質・能力を踏まえ、小学校教育が円滑に行われるよう、小学校教師との意見交換や合同の研究の機会などを設け、第1章の4の(2)に示す「幼児期の終わりまでに育って

欲しい姿」を共有するなど連携を図り、保育所保育と小学校教育との円滑な接続を図るよう努めること。
　　ウ　子どもに関する情報共有に関して、保育所に入所している子どもの就学に際し、市町村の支援の下に、子どもの育ちを支えるための資料が保育所から小学校へ送付されるようにすること。
　(3)　家庭及び地域社会との連携
　　　子どもの生活の連続性を踏まえ、家庭及び地域社会と連携して保育が展開されるよう配慮すること。その際、家庭や地域の機関及び団体の協力を得て、地域の自然、高齢者や異年齢の子ども等を含む人材、行事、施設等の地域の資源を積極的に活用し、豊かな生活体験をはじめ保育内容の充実が図られるよう配慮すること。

第3章　健康及び安全

　保育所保育において、子どもの健康及び安全の確保は、子どもの生命の保持と健やかな生活の基本であり、一人一人の子どもの健康の保持及び増進並びに安全の確保とともに、保育所全体における健康及び安全の確保に努めることが重要となる。
　また、子どもが、自らの体や健康に関心をもち、心身の機能を高めていくことが大切である。
　このため、第1章及び第2章等の関連する事項に留意し、次に示す事項を踏まえ、保育を行うこととする。

1　子どもの健康支援
(1)　子どもの健康状態並びに発育及び発達状態の把握
　ア　子どもの心身の状態に応じて保育するために、子どもの健康状態並びに発育及び発達状態について、定期的・継続的に、また、必要に応じて随時、把握すること。
　イ　保護者からの情報とともに、登所時及び保育中を通じて子どもの状態を観察し、何らかの疾病が疑われる状態や傷害が認められた場合には、保護者に連絡するとともに、嘱託医と相談するなど適切な対応を図ること。看護師等が配置されている場合には、その専門性を生かした対応を図ること。
　ウ　子どもの心身の状態等を観察し、不適切な養育の兆候が見られる場合には、市町村や関係機関と連携し、児童福祉法第25条に基づき、適切な対応を図ること。また、虐待が疑われる場合には、速やかに市町村又は児童相談所に通告し、適切な対応を図ること。
(2)　健康増進
　ア　子どもの健康に関する保健計画を全体的な計画に基づいて作成し、全職員がそのねらいや内容を踏まえ、一人一人の子どもの健康の保持及び増進に努めていくこと。
　イ　子どもの心身の健康状態や疾病等の把握のために、嘱託医等により定期的に健康診断を行い、その結果を記録し、保育に活用するとともに、保護者が子どもの状態を理解し、日常生活に活用できるようにすること。
(3)　疾病等への対応
　ア　保育中に体調不良や傷害が発生した場合には、その子どもの状態等に応じて、保護者に連絡するとともに、適宜、嘱託医や子どものかかりつけ医等と相談し、適切な処置を行うこと。看護師等が配置されている場合には、その専門性を生かした対応を図ること。
　イ　感染症やその他の疾病の発生予防に努め、その発生や疑いがある場合には、必要に応じて嘱託医、市町村、保健所等に連絡し、その指示に従うとともに、保護者や全職員に連絡し、予防等について協

力を求めること。また、感染症に関する保育所の対応方法等について、あらかじめ関係機関の協力を得ておくこと。看護師等が配置されている場合には、その専門性を生かした対応を図ること。
ウ アレルギー疾患を有する子どもの保育については、保護者と連携し、医師の診断及び指示に基づき、適切な対応を行うこと。また、食物アレルギーに関して、関係機関と連携して、当該保育所の体制構築など、安全な環境の整備を行うこと。看護師や栄養士等が配置されている場合には、その専門性を生かした対応を図ること。
エ 子どもの疾病等の事態に備え、医務室等の環境を整え、救急用の薬品、材料等を適切な管理の下に常備し、全職員が対応できるようにしておくこと。

2 食育の推進
(1) 保育所の特性を生かした食育
ア 保育所における食育は、健康な生活の基本としての「食を営む力」の育成に向け、その基礎を培うことを目標とすること。
イ 子どもが生活と遊びの中で、意欲をもって食に関わる体験を積み重ね、食べることを楽しみ、食事を楽しみ合う子どもに成長していくことを期待するものであること。
ウ 乳幼児期にふさわしい食生活が展開され、適切な援助が行われるよう、食事の提供を含む食育計画を全体的な計画に基づいて作成し、その評価及び改善に努めること。栄養士が配置されている場合は、専門性を生かした対応を図ること。
(2) 食育の環境の整備等
ア 子どもが自らの感覚や体験を通して、自然の恵みとしての食材や食の循環・環境への意識、調理する人への感謝の気持ちが育つように、子どもと調理員等との関わりや、調理室など食に関わる保育環境に配慮すること。
イ 保護者や地域の多様な関係者との連携及び協働の下で、食に関する取組が進められること。また、市町村の支援の下に、地域の関係機関等との日常的な連携を図り、必要な協力が得られるよう努めること。
ウ 体調不良、食物アレルギー、障害のある子どもなど、一人一人の子どもの心身の状態等に応じ、嘱託医、かかりつけ医等の指示や協力の下に適切に対応すること。栄養士が配置されている場合は、専門性を生かした対応を図ること。

3 環境及び衛生管理並びに安全管理
(1) 環境及び衛生管理
ア 施設の温度、湿度、換気、採光、音などの環境を常に適切な状態に保持するとともに、施設内外の設備及び用具等の衛生管理に努めること。
イ 施設内外の適切な環境の維持に努めるとともに、子ども及び全職員が清潔を保つようにすること。また、職員は衛生知識の向上に努めること。
(2) 事故防止及び安全対策
ア 保育中の事故防止のために、子どもの心身の状態等を踏まえつつ、施設内外の安全点検に努め、安全対策のために全職員の共通理解や体制づくりを図るとともに、家庭や地域の関係機関の協力の下に安全指導を行うこと。
イ 事故防止の取組を行う際には、特に、睡眠中、プール活動・水遊び中、食事中等の場面では重大事故が発生しやすいことを踏まえ、子どもの主体的な活動を大切にしつつ、施設内外の環境の配慮や指導の工夫を行うなど、必要な対策を講じること。

ウ　保育中の事故の発生に備え、施設内外の危険箇所の点検や訓練を実施するとともに、外部からの不審者等の侵入防止のための措置や訓練など不測の事態に備えて必要な対応を行うこと。また、子どもの精神保健面における対応に留意すること。

4　災害への備え

(1) 施設・設備等の安全確保

　　ア　防火設備、避難経路等の安全性が確保されるよう、定期的にこれらの安全点検を行うこと。

　　イ　備品、遊具等の配置、保管を適切に行い、日頃から、安全環境の整備に努めること。

(2) 災害発生時の対応体制及び避難への備え

　　ア　火災や地震などの災害の発生に備え、緊急時の対応の具体的内容及び手順、職員の役割分担、避難訓練計画等に関するマニュアルを作成すること。

　　イ　定期的に避難訓練を実施するなど、必要な対応を図ること。

　　ウ　災害の発生時に、保護者等への連絡及び子どもの引渡しを円滑に行うため、日頃から保護者との密接な連携に努め、連絡体制や引渡し方法等について確認をしておくこと。

(3) 地域の関係機関等との連携

　　ア　市町村の支援の下に、地域の関係機関との日常的な連携を図り、必要な協力が得られるよう努めること。

　　イ　避難訓練については、地域の関係機関や保護者との連携の下に行うなど工夫すること。

第4章　子育て支援

　保育所における保護者に対する子育て支援は、全ての子どもの健やかな育ちを実現することができるよう、第1章及び第2章等の関連する事項を踏まえ、子どもの育ちを家庭と連携して支援していくとともに、保護者及び地域が有する子育てを自ら実践する力の向上に資するよう、次の事項に留意するものとする。

1　保育所における子育て支援に関する基本的事項

(1) 保育所の特性を生かした子育て支援

　　ア　保護者に対する子育て支援を行う際には、各地域や家庭の実態等を踏まえるとともに、保護者の気持ちを受け止め、相互の信頼関係を基本に、保護者の自己決定を尊重すること。

　　イ　保育及び子育てに関する知識や技術など、保育士等の専門性や、子どもが常に存在する環境など、保育所の特性を生かし、保護者が子どもの成長に気付き子育ての喜びを感じられるように努めること。

(2) 子育て支援に関して留意すべき事項

　　ア　保護者に対する子育て支援における地域の関係機関等との連携及び協働を図り、保育所全体の体制構築に努めること。

　　イ　子どもの利益に反しない限りにおいて、保護者や子どものプライバシーを保護し、知り得た事柄の秘密を保持すること。

2　保育所を利用している保護者に対する子育て支援

(1) 保護者との相互理解

　　ア　日常の保育に関連した様々な機会を活用し子どもの日々の様子の伝達や収集、保育所保育の意図の説明などを通じて、保護者との相互理解を図るよう努めること。

　　イ　保育の活動に対する保護者の積極的な参加は、保護者の子育てを自ら実践する力の向上に寄与することから、これを促すこと。

(2) 保護者の状況に配慮した個別の支援
　ア　保護者の就労と子育ての両立等を支援するため、保護者の多様化した保育の需要に応じ、病児保育事業など多様な事業を実施する場合には、保護者の状況に配慮するとともに、子どもの福祉が尊重されるよう努め、子どもの生活の連続性を考慮すること。
　イ　子どもに障害や発達上の課題が見られる場合には、市町村や関係機関と連携及び協力を図りつつ、保護者に対する個別の支援を行うよう努めること。
　ウ　外国籍家庭など、特別な配慮を必要とする家庭の場合には、状況等に応じて個別の支援を行うよう努めること。
(3) 不適切な養育等が疑われる家庭への支援
　ア　保護者に育児不安等が見られる場合には、保護者の希望に応じて個別の支援を行うよう努めること。
　イ　保護者に不適切な養育等が疑われる場合には、市町村や関係機関と連携し、要保護児童対策地域協議会で検討するなど適切な対応を図ること。また、虐待が疑われる場合には、速やかに市町村又は児童相談所に通告し、適切な対応を図ること。

3　地域の保護者等に対する子育て支援
(1) 地域に開かれた子育て支援
　ア　保育所は、児童福祉法第48条の4の規定に基づき、その行う保育に支障がない限りにおいて、地域の実情や当該保育所の体制等を踏まえ、地域の保護者等に対して、保育所保育の専門性を生かした子育て支援を積極的に行うよう努めること。
　イ　地域の子どもに対する一時預かり事業などの活動を行う際には、一人一人の子どもの心身の状態などを考慮するとともに、日常の保育との関連に配慮するなど、柔軟に活動を展開できるようにすること。

(2) 地域の関係機関等との連携
　ア　市町村の支援を得て、地域の関係機関等との積極的な連携及び協働を図るとともに、子育て支援に関する地域の人材と積極的に連携を図るよう努めること。
　イ　地域の要保護児童への対応など、地域の子どもを巡る諸課題に対し、要保護児童対策地域協議会など関係機関等と連携及び協力して取り組むよう努めること。

第5章　職員の資質向上

第1章から前章までに示された事項を踏まえ、保育所は、質の高い保育を展開するため、絶えず、一人一人の職員についての資質向上及び職員全体の専門性の向上を図るよう努めなければならない。

1　職員の資質向上に関する基本的事項
(1) 保育所職員に求められる専門性
　子どもの最善の利益を考慮し、人権に配慮した保育を行うためには、職員一人一人の倫理観、人間性並びに保育所職員としての職務及び責任の理解と自覚が基盤となる。
　各職員は、自己評価に基づく課題等を踏まえ、保育所内外の研修等を通じて、保育士・看護師・調理員・栄養士等、それぞれの職務内容に応じた専門性を高めるため、必要な知識及び技術の修得、維持及び向上に努めなければならない。
(2) 保育の質の向上に向けた組織的な取組
　保育所においては、保育の内容等に関する自己評価等を通じて把握した、保育の質の向上に向けた課題に組織的に対応するため、保育内容の改善や保育士等の役割分担の見直し等に取り組むとともに、それぞれの職位や職務内容等に応じて、各職員が必要な知識及び技能を身につけられるよう努めなければならない。

2 施設長の責務
(1) 施設長の責務と専門性の向上
　施設長は、保育所の役割や社会的責任を遂行するために、法令等を遵守し、保育所を取り巻く社会情勢等を踏まえ、施設長としての専門性等の向上に努め、当該保育所における保育の質及び職員の専門性向上のために必要な環境の確保に努めなければならない。
(2) 職員の研修機会の確保等
　施設長は、保育所の全体的な計画や、各職員の研修の必要性等を踏まえて、体系的・計画的な研修機会を確保するとともに、職員の勤務体制の工夫等により、職員が計画的に研修等に参加し、その専門性の向上が図られるよう努めなければならない。

3 職員の研修等
(1) 職場における研修
　職員が日々の保育実践を通じて、必要な知識及び技術の修得、維持及び向上を図るとともに、保育の課題等への共通理解や協働性を高め、保育所全体としての保育の質の向上を図っていくためには、日常的に職員同士が主体的に学び合う姿勢と環境が重要であり、職場内での研修の充実が図られなければならない。
(2) 外部研修の活用
　各保育所における保育の課題への的確な対応や、保育士等の専門性の向上を図るためには、職場内での研修に加え、関係機関等による研修の活用が有効であることから、必要に応じて、こうした外部研修への参加機会が確保されるよう努めなければならない。

4 研修の実施体制等
(1) 体系的な研修計画の作成
　保育所においては、当該保育所における保育の課題や各職員のキャリアパス等も見据えて、初任者から管理職員までの職位や職務内容等を踏まえた体系的な研修計画を作成しなければならない。
(2) 組織内での研修成果の活用
　外部研修に参加する職員は、自らの専門性の向上を図るとともに、保育所における保育の課題を理解し、その解決を実践できる力を身に付けることが重要である。また、研修で得た知識及び技能を他の職員と共有することにより、保育所全体としての保育実践の質及び専門性の向上につなげていくことが求められる。
(3) 研修の実施に関する留意事項
　施設長等は保育所全体としての保育実践の質及び専門性の向上のために、研修の受講は特定の職員に偏ることなく行われるよう、配慮する必要がある。また、研修を修了した職員については、その職務内容等において、当該研修の成果等が適切に勘案されることが望ましい。

◆執筆者紹介　（執筆順）

清水洋生（しみず・ひろお）……………………………………［第1章］
　　新島学園短期大学専任講師
杉山実加（すぎやま・みか）……………………………………［第2章］
　　名古屋女子大学短期大学部保育学科講師
歌川光一（うたがわ・こういち）………………………………［第3章］
　　昭和女子大学初等教育学科専任講師
綾野鈴子（あやの・すずこ）……………………………………［第4章］
　　共立女子大学家政学部児童学科助教
岩﨑眞和（いわさき・まさかず）………………………………［第5章］
　　茨城キリスト教大学生活科学部助教
野末晃秀（のずえ・あきひで）…………………………………［第6章］
　　松蔭大学非常勤講師・中山幼稚園長
杉浦　誠（すぎうら・まこと）…………………………………［第7章］
　　帝京短期大学こども教育学科講師
濱中啓二郎（はまなか・けいじろう）…………………………［第8章］
　　新渡戸文化短期大学専任講師

装丁 —— アトリエ・プラン

現代保育内容研究シリーズ③

保育をめぐる諸問題

2018年11月15日　初版第1刷発行

編　者　現代保育問題研究会
発行者　菊池公男

発行所　株式会社 一藝社
〒160-0014 東京都新宿区内藤町1-6
Tel. 03-5312-8890　Fax. 03-5312-8895
E-mail：info@ichigeisha.co.jp
HP：http://www.ichigeisha.co.jp
振替　東京 00180-5-350802
印刷・製本　モリモト印刷株式会社

©gendaihoikumondaikenkyuukai 2018 Printed in Japan
ISBN 978-4-86359-178-3 C3037
乱丁・落丁本はお取替えいたします

一藝社の本

現代保育内容研究シリーズ 1
現代保育論

概要
本書は、現代保育者の諸問題を性教育問題や諸外国の事例なども取上げ、保育のあるべき姿やそのあり方を提示した画期的保育論である。

content
子育て支援センターにおける相談活動／保育者の専門性／保育者論／保育者と人間性／わらべうたと保育／実践の場で活用できる保育教材研究／幼小接続におけるカリキュラム研究 －「道徳性」の育成－／諸外国における子育て支援／性教育問題／相談援助 ,etc.

[編]現代保育問題研究会
A5判　並製　130頁
定価（本体 2,000 円＋税）
ISBN978-4-86359-172-1

現代保育内容研究シリーズ 2
保育の内容と方法

概要
本書は、各「領域」の意義を述べるとともに、プログラミング教育にも言及するなど、現代の保育・教育にまつわる諸問題を多角的に捉えて解説した待望の書である。

content
こどもの心身の発達／教育課程／領域「健康」／領域「人間関係」／領域「言葉」と教育課程／領域「環境」／領域「音楽表現」／領域「造形表現」／教育・保育の方法論／障害幼児の指導／プログラミング教材を使用した保育方法 ,etc.

[編]現代保育問題研究会
A5判　並製　142頁
定価（本体 2,000 円＋税）
ISBN978-4-86359-171-4